献给克洛伊和埃里克

整理你东西的最好方式就是扔掉其中的大部分。

极简主义
Minimalism

[美] 乔舒亚·菲尔茨·米尔本
瑞安·尼科迪默斯 / 著

李紫 / 译

湖南文艺出版社 HUNAN LITERATURE AND ART PUBLISHING HOUSE　博集天卷 CS-BOOKY

困扰我们的不是事物本身，而是我们对其重要性的理解。

It is not things that disturb us, but our interpretation of their significance.

——爱比克泰德（EPICTETUS）

目 录

Contents

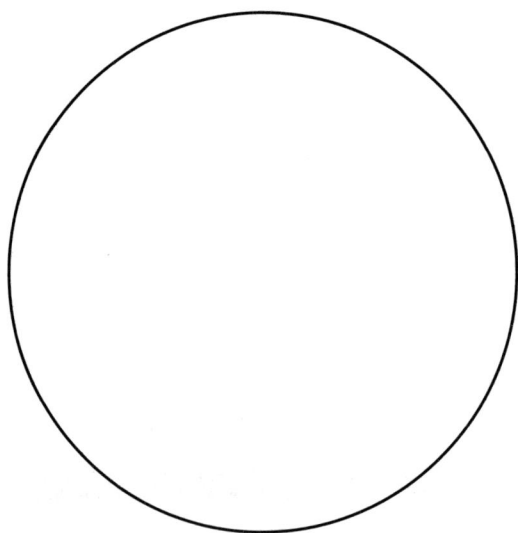

前 言

你真的快乐吗？

前 言

Preface

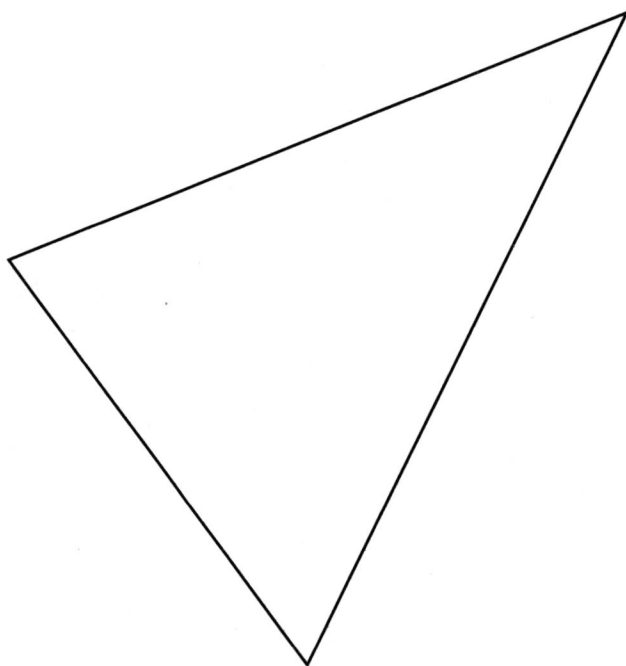

开场白

随大流是许多人用来医治自己的麻药。不幸福吗？买这个，买那个，跟上那些名流、大款、豪门的脚步。毕竟，你也可以像他们一样，对吧？

很显然这是错误的。我们都明白这一点，却继续这么做。日复一日，我们努力着。我们努力跟上他人，努力达到标准，努力不辜负社会期望。我们将巨大的压力施于自身，强迫自己成就事业，或变得和某人一样——然而那并不是真实的我们。

结果是，人们变得前所未有地紧张。我们所背负的压力比任何时候都要沉重。你在电视上看到瘦得像牙签一样的模特以及裹着毯子的"世上最性感的人"占据着屏幕。你也应该有这样的窈窕身形。你在收音机中听到，那些开着悍马的说唱明星和痛饮香槟的流行歌手，以自我为中心，任性放纵，宣扬着不负责任的人生。你也应该这样肆意花钱。你在工作中注意到，同事们谈论着各种流言蜚语——关于他或她，或者（上天保佑这事别发生），关于你。你也应该像他们一样。要拥有全镇最高的建筑，你就得拆掉其他所有人的。

一言以蔽之，压力围绕着我们。当真如此吗？

真相是，我们所承受的几乎所有压力都完全源于自身。诚然，这种压力受到外界因素的影响，但也不意味着我们就必须去咬这口饵。我们不需要屈服于这些影响。因为就算能够成为名流、大款、豪门，那也不会使你幸福。**幸福源自内部，源自内心，源自充满意义的生活。**而这就是这本书想帮你发现的。

幸福源自内部，

源自内心，

源自充满意义的生活。

关于

极简主义者

这本书的内容归根结底是关于你自己，以及你要如何过上有意义的生活。但是，也让我们稍微谈一下我们的事情。

我们是乔舒亚·菲尔茨·米尔本和瑞安·尼科迪默斯。我俩三十出头，在网站"极简主义者"（TheMinimalists.com）上写文章，谈如何用更少的东西过更有意义的生活。我们网站的读者超过了四百万人。我们的故事上过《今日秀》《华尔街日报》《纽约时报》《今日美国》《福布斯》《时代》《人物》以及其他许多媒体，美国国家公共广播电台、加拿大广播公司、美国全国广播公司、福克斯广播公司以及一些其他媒体都做过我们的专题节目。在引领大批美国企业员工，指导帮助他人实现个人成长，为世界做出贡献这一点上，我们两人都经验丰富。

曾经，我们是两个快乐的年轻职场人士，住在俄亥俄州的代顿市。但我们并不真正感到幸福。二十多岁时，我们俩成为了最好的朋友。我们拥有年薪六位数（美元）的工作，拥有香车、豪宅、昂贵服装及大量玩物。即便如此，我们也清楚，自己对生活并不满意：我们没有实现梦想。我们发现，这种一周工作七八十个小时、买更多东西的生活无法填补内心的空虚，空虚感反而因此加强了。所以，我们采取了极简主义的原则，专注于真正重要的事物，重新掌控了自己的人生。

关于本书

本书从开始写作到成书出版经历了很长时间。其初版构思始于2010年，到2011年3月，一本厚达三百页的指导书《21天极简主义》终于完成。一本三百来页的书，讲成为极简主义者？我们觉得这可不大对头。一本关于极简主义的书，一本关于减少生活冗余的书，怎么能有三百页呢？我们似乎尝到了其中的讽刺意味。别误会，那确实是一本好书，比你在网上找到的绝大多数废话都要好得多。然而，我们觉得那本书还不够棒，缺乏必要的简洁性，于是我们做了任何一位负责任的作者都会做的事情：放弃整个计划，在我们的网站上发表瘦身版的《21天极简主义》，一切从零开始。这个过程艰难曲折，但似乎是写出好书的唯一有效途径。

最后，《极简主义：活出生命真意》一书第一版于2011年由不对称出版社（Asymmetrical Press）出版。初版发行后的五年间，发生了很多事情，我们也得到了很多经验教训。因此，才有了你现在正在读的这本书的第二版。

为了更新升级这本书而重读旧版时，我们惊异于书中原则贯彻维持得有多好——在我们参与的每场活动、每个采访，以及几乎每次与读者的交谈中，我们都会谈及书中的五种价值。在新版中，我们对本书做了大幅修改，扩展讨论了书中所述的五种价值。

我们的网站免费提供最终版的入门指南，在线文章也频频更新，深度探究了极简主义，阐述了将简单生活的理念运用于人生中的具体方法。我们也以同样务实的方式写作本书（我们当然不想浪费你的时间）。本书所含的内容是我们精心设计的，它将为你提供极简生活的基础配方，你也能够根据自己的口味和生活方式进行调整。此外，尽管整本书可以在一到两天之内看完，我们还是将其整理为七个简短的篇章，这样，你便可以一天看一章，用一周时间更好地消化。

本书与我们网站上的内容以及我们出的其他书不同。我们的网站用文字记录了我们走进极简主义的旅程以及通过各种试验所获得的成长，而这本书则以不同方式探讨了极简主义，深入诠释了过有意义生活的五种价值。书中也提到了我们对个人生活的深刻理解，以及那些让我们步入极简主义的悲伤往事。

这本书写作的初衷是为了帮你思考你的人生以及你是如何生活的；也为了让你有所作为、反省自身，从而离开过去的生活，开始新的旅程；还为了帮你认识到你可以做出改变，可以重新选择做怎样的人，可以变成自己所能成为的最好的人——真正的你，热情、有爱心、有同理心、自律、快乐的你。因此，如果你真的想要让从本书中学到的东西发挥最大价值，那么，请不要仅限于阅读书中的内容，而是在阅读的同时做到

—————————三件事：

不要只读一遍。

首次阅读是打基础、做准备，而重读与你关联最密切的部分则会燃起你付诸行动、改变生活的渴望。

做笔记。

与我们网站上的散文不同，这本书可不是为了让你只读一遍而设计的。它也不是理论文件。我们想让你充分利用这本书，这就意味着你需要做笔记、标记特定段落，还需要通过列清单来更好地认识自己。

采取行动。

这是最重要的一步。如果你读完了这本书，却不将所学付诸行动，那便是在浪费时间。在起步阶段仅仅吸取信息并非不可，但只有行动才能改变你的人生。我们不想用下面章节中的行动吓坏你，但我们的确要求你在生活中做一些微小的调整，随着时间的推移，最终形成显著的改变。

总而言之，

这是一本建议之书。作为极简主义者，我们起初有很多物质财产，而随后，一旦我们清理掉多余的东西，便超越了物质，转向人生中最重要的方面：健康、人际关系、热情、成长和奉献。这五种价值，正是过有意义生活的基础。

最终，需要注意的是，虽然我们通过本书与读者分享了我们二人合计六十年来的生活经历，但我们并未掌握全部问题的答案。书中分享的策略、试验和故事都是我们从无数不同来源，如伊丽莎白·吉尔伯特（Elizabeth Gilbert）、托尼·罗宾斯（Tony Robbins）和其他人那里学到的。这些策略的共同点是对我们及成百上千的其他人都卓有成效。虽然人们各不相同，但都在寻求同一目标：如何让生命更有意义。

Chapter 1

第一章

我们来了

极简主义　Live a
Meaningful Life　Minimalism

你快乐吗？

　　我们所积累的物质财富不会让我们快乐。我们都明白这一点，却还是常常通过积累更多财富来寻求人生的意义。然而，真正的快乐源于我们是怎样的人，源于我们成为了怎样的人。真正的快乐源自内心。同样，我们对自己不满也只是因为我们成为了自己不喜欢的人。

　　如果你只是想过普通人的生活，那么这本书不是为你准备的——因为普通人并不快乐。而多数人不快乐，并不意味着你也必须不快乐。你不需要勉强自己去接受平庸的生活，仅仅因为你身边的人都是如此。

　　当然，快乐并不是重点——有意义的生活才是重点。我们必须停止寻求快乐，而开始寻找意义。如果我们的短期行为和长期价值相符，那么我们就会在自己所做的所有事情中找到意义。矛盾的是，这种生活方式（有意识的生活）才会带领我们走向真正的幸福快乐。不是转瞬即逝的欢愉，而是长久的满足，来自自律、专注、觉知、目的明确的生活。快乐只是一个副产品而已。

发现不满

在2009年，我们两人的生活看起来还是一帆风顺的。我们在同一家通信企业工作（乔舒亚1999年入职，瑞安2004年入职），享受着令大多数人羡慕的生活方式，并且都实现了自己的美国梦。但是，出于某些连我们自己都说不清的原因，我们并不快乐，并不充实，当然，也并不满足。

随着时光流逝，幸福快乐这个主题越来越频繁地进入我们的谈话中。伴随着工作中的每一次升迁，伴随着我们赢得的每一项荣誉或作为奖励的每一次美妙旅行，伴随着我们获得的每一句赞扬，快乐匆匆而来，却又马上离开。它来得越快，走得也就越快。所以，为了寻求快乐，我们试着去争取更多的美言赞誉，试着通过获得更多"成就"来提升对自身价值和重要性的认同。为了得到肯定，我们越来越努力，工作时间常常达到一般美国人的两倍，以此来证明自身价值。

这就像可卡因一样。我们得到的赞美越多，越需要更多的赞美使我们高兴。事情竟发展到我们努力生活只是为了达到情绪上的平衡。

不满之情淹没了我们的生活。我们知道有些事需要改变，但不清楚那究竟是什么。于是我们做了绝大多数美国人会做的事情：试图购买快乐。虽然我们都身居高位，备受尊敬，年薪超过六位数，但我们花的比赚的还多——购买香车豪宅、巨屏电视、豪华家具，为度假而挥霍，寄望于媒体大肆宣传的消费文化中那些会让人快乐的东西。

但那些并没有让我们快乐。随之而来的是更多的抑郁和不满，因为原先的那些消极感受阴魂不散，而欠下债务所导致的负面影响更为我们增添了烦恼。随着每次购物带来的短暂快感瞬间消散，留给我们的是抑郁、空虚、寂寞、无助。

接着，在2009年下半年，乔舒亚遭遇了一系列变故，这使他开始对自己生活的方方面面产生了疑问，包括物质财富、事业、成功，以及人生的意义。

温水煮青蛙

先将我们的故事快退一下，因为这种不满之情并非突然从天而降，像一道闪电般击中了我们。我们并非一夜醒来就突然说，天！昨天还一切安好，但今天我就不高兴了。不满之情并非来得如此迅速，而是如温水煮青蛙一般——经过多年以来的种种细微的不平，蔓延到我们的生活当中。

从我们小的时候
就开始了

　　不满的迹象在生活中初次显现的时间远远早于我们工作的日子：当我们还是孩子的时候就开始了。

　　二十年前，我们俩在上小学五年级时就认识了。当时我们才十岁，住在俄亥俄州的代顿市附近。那个时候，我们的生活就已经充斥着不满了。我们都出生于八十年代，都在不健全的家庭里长大（那时候"不健全"还是个不常见的词）。我们的双亲都离婚了。乔舒亚的父母在他三岁时离异；由于母亲酗酒成性，父亲患有躁郁症，精神分裂（在他九岁时去世了），他在六岁以后的多数时间都要自己养活自己。瑞安的母亲有类似药物滥用的问题，受她影响，瑞安后来也变成了一个滥用药物的年轻人。我们童年的多数时间都在不理想的环境中被养育，日后回想起来，这便是招致灾难的重要因素。

十二岁的时候，我们都超重、土气，对自己的生活感觉不到一丝乐趣。我们做了各种事情，尝试逃避。那时候，最简单的逃避方式就是食物。敞开肚皮暴食、把脸撑成球后，我们体验到了瞬间的满足感；我们确信我们会很快乐，至少是快乐一会儿。食物是当时生活中少数我们能够控制的东西之一，其他一切看起来完全无法掌握。我们住在布满蟑螂的破旧公寓中，与我们同住的是关心我们的单身母亲；然而比起供养孩子，她们更在意的是喝醉、喝高。

　　当我们升入高中后，瑞安搬去了他父亲的家——一个正常得多的家庭。他父亲拥有一家小型壁纸公司，可以为他提供好得多的下层中产阶级生活。瑞安的父亲与母亲相反：他有稳定的工作；他通过各种方式表达他的关心；他还是一名虔诚的耶和华见证人。对瑞安而言，突然让他应付那么多积极变化实在是太难了，所以，虽然他尽了全力去遵守那些严格的家规，但他也会反抗，试着喝酒，抽大麻，吸食更刺激的毒品。

　　乔舒亚走上了另一条路。虽然他没有沉溺于酒精或毒品——母亲的酗酒成性让他对此毫无兴趣，但他发现了另一种可以获得快乐的方法：对强迫症的痴迷。他发现，虽然他仍不能控制自己的生活——摇摇欲坠的公寓、烂醉如泥的母亲、捉襟见肘的贫困，但他可以控制自己。所以他在高中的第一年大幅减轻了体重——尽管是以不健康的方式（吃得非常少）。他还花费了很多时间去整理自己那微薄的财产，纠缠于最细微的东西，在混乱的世界中寻找某种秩序。

在高中的最后一年，1998年，我们有过一次值得纪念的谈话，而这次谈话不知不觉中成为了转折点，将我们引入消费主义的混乱和困惑中。因为在相对贫穷的环境中长大，所以我们认为幸福快乐的关键就是金钱。确切地说，如果我们每年能挣五万美元，那一切都搞定了。我们的父母没挣到那么多钱，而且他们不快乐，所以我们认为，如果能跨越那道随心所欲花钱的门槛（在我们当时的概念中就是五万美元），那我们一定会快乐。这在现在听起来很可笑，但对一对即将走入自己世界的十八岁年轻人来说却完全讲得通。

我们于1999年从高中毕业，在接下来的几年里走向了不同的方向。我们两人都没有立刻去上大学，而是参加了工作。

瑞安为他父亲工作，在俄亥俄州的西南部到处给富人的房子糊墙纸，刷墙壁。乔舒亚在一家大企业找到了一个销售职务。两人都沉浸在某种对金钱的期待中。我们说不上特别喜欢当时的工作，也不知道更好的选择。我们那时并未意识到，实际上可以去做喜欢的工作。对我们而言，工作就是为生活提供两样东西——钱和一定的社会地位。

瑞安挣到了足以维生的钱。那不是什么大钱，却可以付清账单。他也从工作中获得了社会地位。一个有六辆粉刷卡车的小车队（每辆车的侧面都刷着"尼科迪默斯"的字样）在俄亥俄州沃伦郡的街头巡逻，静静地诉说着他的未来。总有一天，他会接管父亲的生意，将其变成自己的，甚至会传给他未来的孩子。明白这一点，令他感到安心。

但瑞安也知道刷墙生意没法让他变得富有。他粉刷过价值几百万美元的房子，他也明白自己永远都买不起那样的房子，就算他接手了父亲的生意也一样。当然，他还得非常努力地工作，才会在十几二十年后父亲退休时继承他的生意。瑞安产生了相当大的不满，因为他意识到他永远都无法得到自己想要的东西。那时候他并不知道自己为什么想要一个宫殿般的房子，或者说那为什么能让他快乐；他只是因为永远都买不起这样的奢侈品而闷闷不乐。于是，瑞安便通过其他途径寻求满足。

乔舒亚找到了一份工作，这份工作有让他挣得比其他高中同学都要多的发展潜力，有长期的事业成长可能。他所需要做的就是像雪橇狗一样工作，去"得出成果"。他便真的像狗一样去工作，经常连续一个多月，每周七天从不间断地工作。他做得越多，卖出的东西就越多。而他卖出的东西越多，赚的钱、所获的称赞也就越多。在十八岁时，他赚到的钱就已经比他母亲所拥有的总数还多了。他已经准备好要成为（公司的）杰出人物，至少是表面上的。

但乔舒亚也有不满。虽然在十九岁时他挣的钱就已经超过五万美元了，但他的私人时间却十分稀缺。看重"表现"和"达成"的职场自有其代价，因此他想方设法去购买快乐，试图创造出满意的世界。

制造出来的满足

因为对工作和生活感到不满，我们曾试着用不同方式来化解。

瑞安有点走极端。他重新皈依了父亲的宗教信仰——也是他童年时的宗教信仰，戒除了毒品，远离了世俗活动，成为了一名虔诚的耶和华见证人，信奉教义，通过宗教寻找人生的意义。瑞安在十八岁时与他的高中女友结婚，就在他高中毕业几个月后。他和他妻子采取了耶和华见证人的生活方式，在他们长大的家乡小镇贷款买了一幢小房子，并开始讨论如何一起建立家庭。

但这段婚姻变得充满了恐惧和不信任。在三年乏味的生活过后，这段令人不悦的婚姻结束了，而瑞安也再次拾起了毒品和酒精，借此逃避痛苦失败的现实生活。

另一方面，乔舒亚继续着他在美国大企业里那份极度专注的工作，一直都是公司表现最佳的销售人员之一。他在二十二岁时就晋升到领导职位，成为这个公司创立130年来获得该职位的最年轻的人。

与这次升迁一同来临的是更多的金钱、责任以及工作。乔舒亚的人生就这样被工作消耗着。在二十三岁时，他结婚了，在郊区盖了一幢大房子，并继续加班加点地工作，而时间却在不知不觉间悄然而过。他几乎都没意识到自己结婚了。他忽视了与妻子之间的关系，将其视为理所当然。他很少有时间待在他们家的大房子中，而那房子里卧室的数量比住户还要多。最重要的是，他逃避内心不断发酵的不满。他知道自己并不快乐，但总有一天会取得成功，不是吗？于是生活就这样飞快地继续着。

为了化解更微妙的不满，乔舒亚试图购买快乐。他把钱花在各种物品上，买华丽衣服，度豪华假期，购买消费型电子产品和各种用不上的废物。这些东西没有给他带来持久的快乐，于是他又染上了童年时期暴饮暴食的恶习。在二十出头的时候，他的体重比先前任何时候都要高：超重了六十多斤，身材严重走形。但至少我是在赚钱啊！他这样想着，给自己赋予骄傲的职业身份，因为工作表现出色获得了地位和满足感，虽然他并不热爱这份工作。

重建二人组

差不多就在那时，我们意外地恢复了联系，在我们二十出头、处于人生低谷的时候。

瑞安认定继承父亲的生意这条路并不适合他。他不知道自己到底想干什么，只是想试一试企业里的工作。因为，如果他一年能赚五万美元以上，生活就会变得美好，他也会变得快乐了，对吧？

所以，在2004年，乔舒亚结婚、瑞安离婚后不久，乔舒亚聘用了瑞安在之前奴役了他五年的公司工作。就如乔舒亚一样，瑞安很快熟悉了业务，工作极其努力，成为公司里表现最佳的销售人员之一。

我们都在随后几年中获得了数次升迁。在二十五岁到三十岁之间，我们已经拥有过渠道经理、区域经理以及主管之类的花哨头衔。与它们一道而来的还有更多的金钱、责任以及工作。悲哀的是，更为黑暗的事物也随之而来：焦虑、压力、担忧、不堪重负以及抑郁。

而且，尽管已经这样努力了，我们通过获取地位和物质财富来追求幸福的举措却从未带来真实、持久的快乐或满足。

快三十岁的时候，我们从自己不喜欢的工作中赚到了大量金钱，然而我们却负债累累——经济和情感双重方面。

一窥未来

　　快进到后来，到我们每周工作八十小时的时候，到我们人生表面光鲜实质却支离破碎的时候。

　　2009年10月8日，乔舒亚的母亲死于肺癌晚期。她与癌症斗争了一年多，忍受着反复的化疗和放疗。但随着癌细胞扩散到大脑和其他器官，她最终不敌病魔。

　　说来也怪，癌症似乎暗喻了乔舒亚的生活。虽然表面上一切都很好——婚姻、工作、好车、标示成功的一切，但内部已经出现了严重的问题。

　　我们俩都不快乐。十年前我们告诉自己，如果每年能挣五万美元，我们就会变得快乐，然而我们错了。最初，刚过二十岁时，我们以为或许只是估错了快乐所需要的金钱数目，所以我们改变了自己的估值，想着如果每年能挣六万美元，我们就会变得快乐了。

而当这同样没用时，又变成了：如果我们每年能挣七万美元、九万美元，然后是十万美元，我们就会变得快乐了。这是个永无止境的循环。每年我们都挣到了更多的钱，而每年我们都花的比挣的还要多，以此抑制这种生活方式造成的无穷无尽的不满。等式本身被打破了。

在乔舒亚的母亲去世一周后，我们再一次谈论起幸福。我们讨论了我们不快乐的原因，以及到底什么才能让我们变得快乐。显然，"如果每年能挣×美元，我们就会变得快乐了"的旧公式并不奏效。我们赚的钱都超过六位数了，我们都是成功的二十八岁年轻主管，而且，根据社会标准来看，我们都"把一切都搞定了"。然而我们其实什么都没搞定。

这就是我们期待的人生吗？我们要在一家根本不关心我们的公司里继续工作超长时间吗？我们以后要一路晋升至高级管理层，成为首席运营官或首席执行官，年薪七位数乃至八位数，却让我们在四十岁时变得更抑郁吗？这听起来对我们可没什么吸引力。我们谈得越多，攀爬职业阶梯的梦想看起来就越像梦魇。

乔舒亚母亲的死亡让我们看透了一切：我们在这世上只有有限的时间，这些时间可以用来积攒金钱财富，也可以花在有意义的事情上——后者不一定会妨碍人们追求前者，但对财富永无止境的追求并不能将我们带向有意义的生活。

极简主义 Live a Meaningful Life Minimalism

于是我们决定重新思考自己的人生，想要弄清楚到底是什么让我们不快乐，以及需要做什么来改变生活中的那些东西，使我们可以体验幸福、热情、自由。

锚

首先，我们确定了我们的"锚"。我们发现"得到想要的"（大房子、高薪支票、物质财产、公司奖励）并没有让我们快乐，于是我们想认清我们的锚究竟抛向何处——到底是什么卡住了它，让我们无法成长。

锚的概念引起了我们俩的共鸣。它迫使我们去看镜子中真实的自己，认清可能阻碍我们过上幸福、充实生活的一切事物。

我们的方法很简单：在一周内，每个人都记录下任何可能是锚的东西（解决问题的第一步是认清问题）。随着时间的推移，我们的锚列表越来越长，这周结束时，乔舒亚列出了八十三个锚，瑞安列出了五十四个。那可是很多的锚。

下一步是弄清重点。我们开始把列出的锚按优先顺序排列，分为两类：主要锚和次要锚。

主要锚是那些最明显的阻碍我们自由的东西，包括我们的房子（和随之而来的大笔按揭还贷）、某些人际关系（没有为我们的生活增添价值的不健康关系）、汽车贷款和其他大额账单、大笔债务、我们的事业以及其他需要大量时间却没有给生活增添相应价值的东西。

次要锚则占据了我们清单的大部分，包括有线电视费、网费、其他账单、小额债务、不穿的衣服、没用的家居用品、家庭杂物、某些徒劳的次要关系、日常的开车时间，以及其他会消耗我们少量时间和注意力的小事。

我们认定，在一段时间内摆脱上述锚，会让我们取回很多自己的时间，而这些时间会被用在更有意义的事物上。主要锚看上去是最难处理的，所以我们就从这部分开始。例如，过去乔舒亚所赚的多出来的每一分钱都被乱花掉了，给他带来了额外的债务。他不再旅游、度假，或者吃豪华晚餐了，因为他所有的钱都用来还汽车贷款和巨额的信用卡债务了。尽管有着非常充裕的收入，他的债务却高到不可思议——超过了六位数。最终，经过两年时间，我们终于还清了车贷和债务。其他的主要锚也是用类似的方法解决的。我们最终抛弃了很多财物，扔掉了多余的东西，只留下我们喜欢和享受的——那些在日常生活中实实在在用得到的东西。历经两年时间，那些老锚都不再是我们的重负了。

做出艰难的抉择

　　那些主要锚中有一部分涉及我们与其他人的关系，所以我们不得不做出一些非常困难的抉择。母亲去世后不久，乔舒亚认定他近六年的婚姻有问题了。他知道他和妻子都不幸福，他们的价值观和愿望都不一致，他们想要的东西大相径庭。他们爱着彼此，想找到一条让婚姻继续下去的道路，于是他们坐下来，讨论了彼此之间的差异，并制订了拯救这段婚姻的计划。他们去做了婚姻咨询，想办法更好地配合彼此，一起努力了好几个月来修复破裂的婚姻。然而，他们之间的差异实在太大了，于是，乔舒亚和妻子决定分开。那是他所做过的最为艰难的决定。谢天谢地，随着时间流逝，他们仍然能够保持亲密的朋友关系，依旧深深地关心着彼此。

　　此外，乔舒亚还面临母亲死后如何处理其遗物的困境——该怎样对待那些我们想永远握在手中的感伤之物。他母亲住在千里之外的佛罗里达，在她去世之后，清空那个塞满了各种物品的单人公寓的责任便落到乔舒亚头上。他母亲在室内装饰方面很有品位，因此，从收藏的角度看，她的东西没有一样是垃圾，这就使得处理其中任何物件都变得十分困难。尽管如此，她家里的物品还是很多，价值三套公寓的东西都收藏在她那小小的住所之中。因此，他明白有些东西必须处理掉。

他母亲一辈子都在买买买，总是在积攒更多的东西。她的公寓中到处都是古董家具：一个特别棒的带顶篷的橡木床几乎占据了整个卧室，两个衣柜里面装满了衣服，画框挂满了公寓的每一个平面，原创艺术品挂满了墙壁，创意装饰品塞满了全部角落甚至每一个缝隙——整整六十四年的积累。

乔舒亚做了每个当儿子的都会做的事情：他从U-Haul搬家公司租了一辆大卡车。然后向俄亥俄一家储物公司打电话，确认他们有足够大的空间。租卡车花了一千六百美元；寄存费是每月一百二十美元。经济上的成本是高昂的，但他很快就发现，相比之下，情感成本更高。

最初乔舒亚什么都不想舍弃。如果你失去了所爱的人，或者有过类似的情感体验，你就能理解那时候要他放弃其中任何一样东西有多困难了。因此，他不想放手。他原打算把所有大大小小的饰品、雕像和超大家具塞进那个俄亥俄州的小储藏室里，从天花板到地板，统统塞满，一样不落。那样他就知道，一旦他想要，或出于某种令人费解的理由，他需要，母亲的遗物就全都在那儿，触手可及。只是为了以防万一。

母亲去世一周后，乔舒亚着手打包她的行李：每一个画框，每一个小瓷娃娃，每个架子上的每一块白色桌布。他把她留下的每样东西都打包了。

或者说，他是这么认为的。

然后，他往她床底下一看。

床架下的狭小空间是经过整理的一团乱，那儿有四个箱子，每个上面都标了数字：1、2、3、4。标了号的箱子都用包装胶带密封了起来。乔舒亚剪开封装，在里面找到了他小学时涂写过的纸张——从一年级到四年级。拼写考试卷、书法课作品、美术课作品，他小学头四年涂写过的每一张纸，全都在那里。很明显，她好多年都不曾开过那些封装起来的箱子。即便如此，她依旧保留着这些东西，因为她想保留住关于儿子的全部片段，保留住过去的全部片段，正如乔舒亚试图留住她的一切、她的过去一样。

在那一刻，他意识到自己为保留她那些东西所做的努力都是徒劳。就算没有那些东西，他也能将关于她的记忆铭刻于心，正如不用打开那些压在床下的箱子，她也一直记得他，记得他的童年，以及关于他的一切。她不需要借助二十五年前的东西来记住她儿子，

　　　　　　　　极简主义　Live a Meaningful Life　Minimalism

正如她儿子不需要借助一个装满她遗物的储藏室来记住她一样。

于是乔舒亚给U-Haul搬家公司打电话，取消了卡车预约。然后，在接下来的一周，他几乎将她的东西全部捐献给了那些真正会使用它们的地方或人。当然，放手很难，但在这整个过程中乔舒亚学到了几条经验教训：

1. 我们不是自己的财物本身。

2. 我们的价值并不局限于自己所拥有的财产。

3. 记忆在我们心中，而不是在物品上。

4. 财物给我们的身心带来重压。

5. 你可以给自己想要记住的物品拍照留念。

6. 对我们来说只能平添愁思的物品，对其他人来说却可能有实际用途。

7. 放手让我们获得自由。

我们并不认为引起感伤的物品有多糟，有多邪恶，也不觉得坚持留着它们就错了。我们只是认为，感伤之物的危害比我们想的更为微妙。如果你想摆脱某样东西，而你留着它只是出于情感上的原因——如果它给你带来负担，成为你的一个锚——那或许现在就该是舍弃它的时候了，是时候让自己从负担中解脱出来了。然而，这并不意味着你该把所有的东西扔掉。

随着时间的推移，我们俩一个接一个地处理了我们许多的锚，

我们不是自己的

财物本身。

我们的价值并不局限于

自己所拥有的财产。

有大有小。在解锚的过程中，我们也在寻找更有效率的方法。我们寻找着各种榜样，寻找着克服了自己的恐惧的人们，寻找着那些将自己从抛锚状态中释放出来、过上更有意义的生活的人们。我们就是这样在极简主义的道路上蹒跚而行的。

发现极简主义

2009年下半年，在乔舒亚的母亲去世后不久，乔舒亚的婚姻也陷入了混乱，我们俩都对自己成天埋头苦干的现状感到不快，就在这时，乔舒亚无意中发现了一家名为"流放生活方式"（Exile Lifestyle）的网站，它是由一个名叫科林·赖特（Colin Wright）的家伙开设的。

我们被科林的网站迷住了。这位二十四岁的年轻企业家过着奇异的、看起来令人难以置信的生活。他放弃了高薪的职务，去追求激情——环游全球，在世界各地经营生意。他的网站——他管它叫博客，我们当时对这个术语并不熟悉——记录了他的旅程。这样，他成百上千的读者就能够参与他的旅程了：科林的读者可以投票决定他下一步将去哪里旅行。

我们被这家伙每四个月就"抛下一切"前往一个新国家的行为

惊到了——不是因为我们希望自己也能像他那样频繁地旅行（我们可没这么想），而是因为我们确实想拥有追求自己热爱的事物的自由，而我们发现，这在公司的主宰下并不存在。

科林还使用了一个我们当时完全不熟悉的术语，他说他是个"极简主义者"。他在他网站上记述了这场叫作"极简主义"的运动是怎样令他得以专注于生命中的重要事物，同时摆脱挡路的多余垃圾。这真是太迷人了。这就像第一次有人为我们点亮了灯，为我们展示了一个能帮我们扫清人生道路上的垃圾、使我们最终通往重要事物的工具。因为科林总是在旅行，所以他当时只有七十二件东西——网站上有展示他全部家当的照片，而且他全部的财产都能收进一个他旅行时随身携带的包里。最令人震惊的是他的满足感——他浑身上下散发着快乐、兴奋和热情。他热爱自己的生活。

虽然我们深深地敬仰着科林，却并不想过他那样的生活——我们不打算环游世界，或者只持有少于一百件的东西。但我们确实想要极简主义者的生活方式带给他的自由，我们也想要伴随着那份自由的快乐和热情。因此，在2010年的前半年，在追随科林旅程的同时，我们缓缓地抛下了自己的锚，一个接着一个。

但是，年逾三十，我们的观念和习惯也已根深蒂固，很难成为极简主义者了。也许极简主义的那些事情只适合没有多少财产、想要大量旅行的年轻小伙子。

我们发现那种想法也是不正确的。

我们通过科林发现了另外两名极简主义者，而他们在很多方面都与我们非常相似：利奥·巴伯塔（Leo Babauta）和乔舒亚·贝克尔（Joshua Becker）。

"禅习惯"（Zen Habits）网站的创建人利奥·巴伯塔的故事瞬间引起了我们的共鸣。他三十五岁左右，有一次离异经历，克服了重重逆境挫折，活得更有意义。他利用极简主义简化了自己的生活，在几年之内完成了一些惊人的壮举：戒了烟，减重六十多斤，塑造了有生以来的最佳体形，摆脱了重重债务，从关岛搬家去了旧金山，还辞去了公司职务，却依然能够养活他的妻子和六个孩子。

与其类似，三十多岁的乔舒亚·贝克尔身为丈夫和两个孩子的父亲，住在佛蒙特州，利用极简主义简化了他的郊区家庭生活，同时维持着他在当地教堂的工作，并通过他的网站"成为极简主义者"（Becoming Minimalist）帮助其他人了解极简主义。

利奥·巴伯塔和乔舒亚·贝克尔向我们证明，极简主义并不只适用于不想朝九晚五工作着的单身人士。它适用于任何想过上更加简单、更有意义的生活的人，适用于任何想专注于人生中重要的方面，而非专注于我们文化中与成功和幸福紧密关联的物质财富的人。

事实上，我们网站上有一页专门以开玩笑的方式定义极简主义，嘲弄了把极简主义当作一种潮流或时尚的犬儒主义者和怀疑派们。我们以下文为定义的开头：

若要成为一名极简主义者，你生活中的物品不能多于一百件，不能有车、有房、有电视，不能拥有事业；你要拥有在世界各地生活的能力，还得写博客；你不能有孩子；你还必须是一名有特殊背景的年轻白人男性。

好吧，我们是开玩笑的。这显而易见。但是，轻视极简主义，认为这只是一种短期潮流的人总是会提到一些上述的"限制"，用来解释他们为什么"永远不会成为极简主义者"。

事实上，极简主义本身跟以上任何一条都毫不相关，只不过，如果你想那么做，它倒是可以帮你实现目标。

如果你想靠少于一百件物品生活，或者不要自己的车，抑或无所畏惧地环游世界，极简主义可以成为你的助力。

但那不是重点。

重点是，极简主义是一个帮助你获得自由的工具——远离恐惧、烦恼、重压、内疚、抑郁及束缚的自由。自由。真正的自由。

然而，极简主义者也可以有车有房、儿女成双、事业有成。如果这些对你而言不可或缺，没问题。一大堆成功的极简主义者拥有上面这些东西。极简主义对每个人来说都不一样，因为它所关心的是找到对你而言最本质的东西。有许多极简主义者，做着上述部分或全部的事情（见minimalists.com/link所列的极简主义者名单）。他们的差异如此巨大，为什么仍然都是极简主义者呢？这就要回到最初的问题：什么是极简主义？

极简主义是一个工具，我们用它来获得人生的满足感。极简主义中没有规则。确切地说，极简主义只是去除生活中那些无关紧要的事物，从而使我们能够专注于最重要的东西——而它们事实上根本就不是实物。

极简主义对我们有所助益，体现在以下几点：

1. 取回我们的时间。

2. 让我们摆脱多余的东西。

3. 享受我们的生活。

4. 探索我们生活的意义。

5. 活在当下。

6. 专注于重要事物。

7. 追求我们的热情。

8. 寻找幸福快乐。

9. 做任何我们想做的事情。

10. 找到自己的使命。

11. 体验自由。

12. 创造更多东西，消耗更少东西。

极简主义是怎么帮我们做到这些的？极简主义是一种对生活方式的选择。极简主义者选择摆脱非必需的东西，把握重要的事物，而对优先级的划分则取决于你自己。极简主义者不是通过某种东西，而是通过生活本身来寻找幸福。因此，生活中何者重要、何者多余完全取决于你自己。在整本书里，我们将会让你稍微了解如何做出决定，以及如何在不被各种严格准则或成套规矩束缚的前提下过上极简主义的生活。

先提醒一句：最初的几步是困难的，但这条路将越走越顺畅，而你收获的回报也会越来越丰富。不过，刚开始实施极简主义时，心态、行为和习惯往往会产生巨变。

因此，若要以一句话来概括，我们要说，**极简主义是一个工具，让你摆脱多余事物、更加专注于人生中那些最基本的方面，从而获得快乐、满足和自由。**

拥抱极简主义

　　当我们的生活在越来越小的圈子里盘旋坠落、趋向虚无时，我们皈依了极简主义。它是黑夜中的灯塔。我们狂热地在互联网上寻找更多信息、指引和启迪，不断阅读和学习，试图了解与极简主义有关的一切。历经数月的研究（同时我们也在移除自己的锚），我们在《爱丽丝梦游仙境》里的兔子洞中越走越远。随着时间推移，我们还发现了这样一群人，他们没有很多物品，却有着无尽的快乐、激情和自由，而这些东西正是我们极度渴望的。

　　最终，我们张开双臂拥抱了这些理念——极简主义和简单朴素的理念，将其作为一种生活方式。我们发现：原来自己也可以变得幸福快乐，但这些却不是由拥有更多家当带来的；幸福并非源于积累。我们重新掌控了自己的人生，这样我们便可以专注于真正重要的事物，专注于人生更深层次的意义。

我们所关注的幸福，只能经由有意义的人生来实现：充满热情和自由的人生，可以实现个人成长、以有意义的方式为他人做出贡献的人生。这些才是幸福的基石，而非身外之物。

创建"极简主义者"
网站

在2010年夏天那会儿，我们还没打算在网上写东西，或开设关于极简主义的网站。但后来，乔舒亚偶然在六月的一次纽约之行中遇到了科林·赖特本人。见到科林本人巩固了他的网络形象：他的外表充分展现出他的内在，呈现出各种快乐和满足，那种快乐和满足对一个在企业连续工作、年近三十、对人生不满意的人来说，几乎是不可能的。

在推特上联系后，他们于曼哈顿会面。在整个二十岁到三十岁期间，乔舒亚只要有工作之外的自由时间，就在写小说。他知道科林以在网上发表文章为生，所以他想就个人出版问题向科林征求意见。在他们见面、一起吃午饭的时候，科林鼓励乔舒亚去探索非传统的途径出版小说，还提供了一些在日后非常有帮助的资源。他们在这次初会后保持着联系，后来一起合作了好几个项目，包括科林的回忆录《我的流放生活方式》，以及乔舒亚的小说《十年凋零》。

在那次会面中，科林说的一段话在乔舒亚脑海中萦绕不散——这段话使他与瑞安组队，创立了"极简主义者"网站：

你应该在网上做点什么。你可以带来改变。这个世界需要像你这样的人来帮助其他人看清世界。

乔舒亚把这些话写进了他的日记。在此次会面过了许久之后，这些话依旧萦绕在他的脑海中，挥之不去。正是因为这些话，我们才决定创立"极简主义者"网站。我们想在自家的网站上做两件事：用文字记录我们的极简主义之旅；帮助他人以极简主义为基础过上更有意义的生活。我们从2010年11月开始建立网站，然后很快发现，我们对怎样建立网站毫无头绪。首先，我们不懂HTML，不会写博客，不知道如何在网上写非小说文字（当然，乔舒亚有写小说的经验，这对我们的写作很有帮助，但我们对其他部分一无所知）。因此，我们做了广泛调查，在六周内建起了我们的网站，维持高强度的工作，直至最后一刻。2010年12月14日，我们正式启动了自己的极简主义者网站TheMinimalists.com。

所以当时我们是那样的：两个穿西装、打领带的企业员工，接受了一些千禧年博客作者的建议。我们开设了一个网站，把我们的极简主义之旅用文字记录下来，并开始每周为这个网站写一些文章。

　　此后几个月间，各种意外而又令人兴奋的事情发生了，而在创建网站的九个月中，我们的生活也发生了很多改变。我们在网上认识了一些了不起的人，并最终将这些网上建立起来的关系转化成了现实生活中的亲密友谊，其中包括之前提到过的利奥·巴伯塔和乔舒亚·贝克尔，以及其他形形色色的人，如朱利恩·史密斯（Julien Smith）、克里斯·吉耶博（Chris Guillebeau），还有考特尼·卡弗（Courtney Carver）。在这些出色的人的帮助下，也得益于我们少量的初始读者不断与他人分享我们的文章，网站的点击率呈现指数型增长，仅仅九个月我们就拥有了超过十万的月订读者。那时候，人们每个月在我们网站上所花的总时间超过了一万一千小时。网上四处都有我们的专题。我们收到了各种写着关于我们的文章如何改变了他人的人生的惊人电邮。结果就是，我们都辞去了公司的职务，开始将全部时间投注于过有意义的生活。

过有意义的生活意味着什么

过有意义的生活意味着什么？在我们的网站和书中，我们通常把极简主义说成一个让我们追求更有意义的生活的工具，因此，如何定义这个说法就变得十分重要了。

经过大量思考、讨论、研究和试验，我们发现了使人生有意义的五大价值：

1. 健康。

2. 人际关系。

3. 热情。

4. 成长。

5. 奉献。

我们花了好几个月来抛去那些束缚着我们的锚，摆脱我们周围的混乱，使这五大价值显现出来。不过，我们并非意外地一个跟头栽到它们面前，而是通过不断试验和犯错才发现生活中对我们最重要的东西。

极简主义让我们发现了它们。二十八岁时，我们人生中的一切都有如雾里看花。我们拥有了"应该"有的一切，拥有了主流文化中宣扬的会让我们幸福的一切，然而我们并不快乐。更糟的是，连我们自己都不知道什么是最重要的了。摆脱生活中的混乱让我们重新发现了这五个关键领域。因此，摆脱物品便是咬在苹果上的第一口，让我们为更有意义的追求而先在生活中腾出地方。

历经数月严格的整理，我们最终列出了这五条价值。我们在许多方面做出了改变，而这五条使我们的生活产生了最多的正面结果，给我们带来了更多的欣慰和满足。接下来的五章将分别深入探讨这些概念，比我们网站上展示的内容要深得多。在这些章节中，我们仔细思考了为何这五条价值最重要，以及极简主义是如何让我们专注于这些价值的，我们列举了大量如何在这五个领域中改变人生的个人事例。

本书在终章《汇流》中将这五种价值结合起来，并向读者提出了一些关于他们自己人生的重要问题。这些问题并不是夸张的修辞，而是为了让你思考、做笔记，并根据它们列出清单。同样，正如前言中所说的，我们鼓励您积极参与全部章节，不要只看一遍，还要在书中空白处做笔记，标出有意义的段落，列出自己的清单，还有，最重要的，采取行动。

最后，本书的写作目的是让你每天采取一些微小的行动，随着时间推移，最终从根本上提升你的生活品质。

让我们开始吧，好吗？

别再活在谎言里，开始真正的生活吧

乔舒亚·菲尔茨·米尔本

你觉得我疯了

老实承认吧，你觉得我疯了，不是吗？

我听见你在我辞去年薪六位数的工作去追逐热情时是怎么说我的了。

当我说我要当一个全职小说作家时，你觉得我疯了。他永远都办不到，他几个月之内就会回来的，还有老天啊，他真蠢！你就是这么说的，不是吗？

当我舍弃全部的垃圾，成为极简主义者时，你觉得我疯了。

极简主义者到底是什么鬼玩意儿？为什么居然有人会想把所有东西都丢掉？谁他大爷的连个电视都没有？我觉着这人正在经历某种青年危机。

当我跟我的挚友一起建立网站去帮其他人过上自由生活时，你觉得我疯了。你说，这听着就像个骗人玩意儿，而且他们两个在合照里看着真像一对同性恋啊，是不是？

当我彻底改变自己的饮食结构、几乎把锻炼视为信仰时，你觉得我疯了。

当我开始一项试验、一整年都不买一样物品时，你觉得我疯了。

甚至当我开始献出更多时间去做慈善，例如施舍食物及为穷人建房子时，你觉得我疯了。你无法理解这为什么会对我如此重要。

但是，等等。万一……其实是你有哪里不对劲呢？

也许我是疯了

好吧，就叫我疯子好了。如果过着更有意义的生活——充满快乐、热情和自由的生活就是疯了的话，那我便疯得无可救药。

但是，让我们说一句心里话吧——你希望你也能这样。你是这么说的。就算你没有直接对我说，你的肢体语言也已经替你说了。我能看到你内心的想法——从你的眼中，还有你脸上的表情。其他人也能看到你内心的这种想法。他们可以看穿你。

你希望逃离那踩躏你灵魂的工作。你希望追求爱好。你希望能够摆脱生活中的压力。你希望自己没有给财产赋予那么多意义。你希望能取回自己的时间，过上有意义的自由生活。

事实是，你能够做上述任何事，你也知道你能做，但你不会去做。

你想让事情这样，但它其实是那样的

我记得当时看HBO[①]广受赞誉的电视剧《火线》，里面有非常棒的一幕。剧中马洛·斯坦菲尔德是个毒贩子，是个讨厌、该骂的人。但他有一个极大的优点：他非常清楚自己想要什么，而他也愿意走上那条路去争取。

剧中，一个保安在商店外与马洛正面交锋，在片刻紧张的对峙后，马洛冷静地提醒他："你想让事情这样，但它其实是那样的。"

你想成为大权在握的人，但你并不是。

你想让事情这样——快乐、自由，拥有追逐热情的权利，过着更有意义的生活，但它其实是那样的。你选择过现在这样的生活，而不做出改变，即便你认为你想改变。

因此你痛恨自己做的事情——你的工作、身体状况、债务或抑郁，甚至你的日常生活，而疯的是我？

你并不真的这么想。

我现在过着更有意义的生活。我在追逐自己的兴趣（写小说和其他作品）。我有着有生以来最棒的身材。我比你更加自由。我比

---

① HBO电视网（Home Box Office）是总部位于美国纽约的有线电视网络媒体公司，制作过《权力的游戏》《欲望都市》等热门剧集。

　　极简主义　Live a Meaningful Life　Minimalism

你更加热情。我正在作为个体成长，并以更有意义的方式为他人做贡献。

而你在做什么？你只是在空谈。

必须做出改变。

永远都不会太迟，停止空谈，让屁股离开凳子，站起身来。

做点什么。

关掉电视。

关掉电脑。

走出去，行动起来。

否则你只能坐在原地，无所作为。你可以就这么维持原状，安于平庸。

如果你乐意的话，也可以顺着现在的道路继续这样走下去，而如果你非常努力地去工作，你也能达到那个终点——拥有年薪十万美元以上的工作和各种你能想到的东西——表面上看着不坏。真要命，我以前看上去还真是成功。

向他人展示身份符号倒是简单，它们就是奖牌——可我当时根本就不是真正的成功。我拥有豪车、有许多空房间的大房子、各种几乎没用过的小玩意儿、没穿过的衣服，还有主流文化中媒体大肆宣扬的各种虚饰（及伴随着这些"成就"而来的大笔债务），但我一点都不快乐，而这或许才是衡量成功与否的真正标准。

嫉妒我那时生活的人们没有看到另一面，他们没有看到我幕后的生活。我成功地掩饰了我的恐惧、债务、焦虑、压力、孤独、内疚与抑郁。我显现出令人钦佩的表面，只展示了我以为世界想要我展示的东西。

最糟的是，我的生命没有任何真正的意义，我觉得自己仿佛在一个越来越小的圈子里盘旋坠落。

不久之前，我也像你一样。我曾是这样的人：乔舒亚·菲尔茨·米尔本，不快乐的年轻主管。但接下来我做了三件事，改变了我的人生：

1.我下决心改变自己的生活。

2.我使改变从应该变成了必须。

3.我付诸行动。

我并不是在说这很容易，有时候你会被自己所做的改变吓坏，但这总比什么都不做要好得多，比当一具行尸走肉要好得多。

对你而言，改变永远都不会太迟。下决心改变，把它当成必须做的，然后行动。你应该得到快乐。你应该得到更好的生活。

但如果你拒绝改变，那也许你就活该继续当前的生活。

极简主义把我吓坏了

瑞安·尼科迪默斯

实话实说吧：极简主义把你吓坏了，不是吗？你担心你要丢掉的东西日后可能用得上。你担心你的朋友/家人/同事/邻居会怎么看待你，你担心你会失去你的身份、地位以及生活中你赋予意义的一切，对吧？

我也一样。

我从去年开始走上了极简主义之路，你猜怎么着？我仍然拥有我的工作，仍然拥有一个大公寓——空间比我实际需要的大三倍（而且找不到买家），仍然拥有上百件物品，仍然觉得很难扔掉那些杂志，仍然觉得很难拒绝免费的小玩意儿……

坦言之：即便如此，极简主义也把我吓坏了。

我知道有很多人，和我一样害怕，但我想对你们说，没关系。这就是我写作的原因，我希望通过分享自己的经验和观点来帮助你。

我一直都是全身心投入信仰的那种人。当我接受了一种特定的理想或生活方式时，我就会全力以赴，甚至到了过分的程度。我对自己有很高的期待，总想要完美的结果。或许也正因如此，我比大多数人更容易紧张，更焦虑不安。有时候，我感到胸口很紧，比辛普森（O. J. Simpson）手上的小手套还要紧[1]。

尽管我对自己有这么高的期待，可我周围很多人还是喜欢指出我所拥有的每一样"不那么小"的东西。他们喜欢谈论我是怎样继续住着大公寓（其实是因为我一直卖不掉），穿着Allen Edmonds的高级皮鞋（其实是我买了五年的旧鞋），剪着帅气的发型（是的，真有人提到了我的发型），还有其他各种东西。但这些人其实是嫉妒我新的人生道路，嫉妒我新的生活方式。他们觉得我在评判他们，因为我再也不按他们那种方式生活了。

你可能在想，"瑞安，你为什么要在意别人怎么想？"嗯，这不是在意，因为他们证实了一些我考虑过的事情（除了发型那点，那个评价我很喜欢，非常感谢）。我意识到我生活中还有很多事物需要尽可能缩减。我不得不时刻提醒自己，我无须为自己解释。

关于极简主义，很妙的一点就是没有所谓的对错，没有你必须遵循的生活节奏，没有什么提醒你"你必须用这种方式生活"。极简主义是一段旅程，对每个人来说都不尽相同。

---

[1] 辛普森杀妻案中宣判无罪的关键证据之一为尺寸太小、辛普森无法戴上的血手套。

极简主义 Live a Meaningful Life Minimalism

没错，在我去年打包那一大堆东西时，一想到要扔掉各种过去没丢弃的东西，我就感到害怕——我知道没那些东西我也能活得好好的，而我留着它们则是因为我为此花了好几百美元。想到自己可能会失败，我就感到害怕。但我还是会继续尝试。维持生活中的这种巨大变化让我感到害怕，但我已经做到了这一步。我已经取得了这么多进展。我的人生变得截然不同。而我不打算就此罢手。

打包派对

乔舒亚·菲尔茨·米尔本，瑞安·尼科迪默斯

这是我们真正采取行动的一天——大规模的、立即采取的行动。

打包派对的概念很简单：假装你一时兴起要搬家，而你只有一天时间来打包你的全部物品。

为什么要玩打包派对？好吧，我们的想法是把这项困难的工作转化为"派对"的形式。在派对中一切都变得更好玩了，不是吗？邀请几个朋友过来，分享这份快乐。

我们花了八小时，把瑞安的厨房、餐厅、起居室、活动室、三间卧室里的全部东西都整理打包了，包括几个塞得满满的壁橱和东西多得快要溢出来的抽屉。

至于那些没法放进盒子里的东西（大型家具和器械），我们用单子把它们盖住，这样它们就不能使用了。在派对最后，就连瑞安起居室的沙发和茶几都被盖住了。

这样做是要把所有东西全都打包，包括你知道自己会用的东西，例如牙刷、除臭剂和厨房器皿；然后只取出你在下一周需要用的东西。所以，如果你今天稍后需要牙刷，你就把它拿出来。早上需要洗发水、护发素和沐浴露？拿出来。需要几件明天穿的衣服？拿出来。

一周以后，你就会注意到，绝大多数东西仍旧装在盒子里。这时你就要做出一些有趣的决定了：丢弃、售卖、捐赠。

在派对的最后，瑞安有个房间从墙的一头到另一头全塞满了盒子、垃圾袋和大号蓝色储物箱。但更重要的是，他拥有了一大堆空房间和空储物箱，让他得以继续在人生中前行，专注于重要的事物。

关于幸福

乔舒亚·菲尔茨·米尔本，瑞安·尼科迪默斯

不言而喻，幸福是个很宽泛的概念。基于这一点，"幸福"一词抽象而又深奥，而努力用语言去描述它则让人感到头昏脑涨。但正是这个复杂的想法——想变得真正幸福的想法，引导我们过上了更为简单的生活。在我们的人生旅途中，幸福一度摇摇欲坠。正是对幸福的追求，最终将我们引向了极简主义。

在发现极简主义的概念、了解到简化生活的重要性之前，我们是来自俄亥俄州代顿市的成功职业人士。但这种成功只是表面上的。

你想想看，那时候在旁人眼中，我们两个铁哥们住着大房子，房子里的卧室数量比人还多。他们看到了我们年薪六位数（美元）的工作、我们的豪车、我们新买的各种小玩意儿、我们所过的生活，就觉得这两个家伙一定已经美梦成真了——我们有这么多好东西，被认为很成功——毕竟，人们当时还活在美国梦里，不是吗？

但事实是，我们一点都不成功。或许我们看起来挺成功的——

极简主义 Live a Meaningful Life Minimalism

我们展示着各种象征身份地位的物品，如同拿着奖牌炫耀一样，但那并不是真正意义上的成功。因为即便坐拥这一切，我们也知道自己对生活并不满意，清楚自己并不快乐。然后我们就意识到，每周工作七八十小时，买再多的东西也填补不了内心的空虚。事实上，这只会让我们获得更多负债、更多焦虑、更多恐惧、更多孤独、更多内疚、更多压力、更多偏执以及更多抑郁感。那曾是一种完全以自我为中心的生活。

更糟糕的是，我们发现我们没法掌控自己的时间，因此也就无法掌控自己的人生。

后来，我们无意间发现了极简主义。又或许，是极简主义发现了我们。我们好奇地在极简主义的边缘徘徊，狂热地在互联网上搜寻极简主义的信息，历经数月的学习研究，我们对极简主义有了更深层次的理解，随着时间推移，我们还发现了一群没有很多物品，却拥有无数快乐、激情和自由的极简主义践行者，他们的状态正是我们极度渴望的。

最终，我们接受了极简主义，过上了简单朴素的极简主义生活，对幸福也有了更深的体悟。

幸福源于有意义的人生。幸福的人生充满热情和自由，可以实现个人成长，为他人做出贡献。成长和奉献才是幸福的基石，而非身外之物。

这种说法听起来或许不怎么有吸引力，没什么市场，然而，这就是事实。当我们实现了个人成长，或者帮助了他人的时候，就会感到快乐。不去成长，不努力去帮助别人，我们就只是被社会期望钳制的奴隶，被困在金钱、权力、身份以及所谓成功的陷阱中，不能自拔。

极简主义是一个工具，以各种各样的形式让我们简化生活，从而专注于重要的事物。我们成功剔除了多余之物，集中精力过上了充实快乐、热情自由的生活。

我们诚邀您加入我们的队伍。无须缴纳会员费。快乐是您应得的。有意义的人生也是您应得的。

Chapter 2

第二章

健康

极简主义　Live a
Meaningful Life　Minimalism

健康的重要性

健康是五大价值中最重要的。不信吗？让我们来证明它。

想象一下，如果你彩票中奖了，找到了理想的另一半，还清了债务，搬进了理想的房子（当然是在海边），而且从此以后再也不用工作了。

现在再想象一下，第二天一早你在腹部的剧痛中醒来。你离开了你的沙滩别墅，驾着你的豪华汽车去了诊所，等医生告诉你哪里出了问题。"你只有一个月可活了。"她这样说道，"而且你从今天开始怕是只能下床，别的什么都做不了了。"啊，心好痛。你最终获得了"你想要的一切"，但你急转直下的健康状况把它们都带走了，而你的财富在这种时候什么忙都帮不上。没有健康，你连生活中最简单的快乐都无法享受了。

定义健康

我们不是健康专家。这本书也不是专门讲饮食安排和锻炼的，本章末尾的内容可能会有点像健康书，但我们向你保证，这不是我们的目的。确切点说，我们相信健康是开启你更有意义的生活的起点。我们想要你享受自己的生活，而拥有健康的生活方式将带给你最佳的状态。本章的全部内容都基于我们减重、锻炼、改变饮食以及生活习惯的个人经验，这些帮助我们和其他人过上了更有意义的生活。

出于写作目的，一般情况下本书提到"健康"一词时，指的是身体健康，虽然我们也承认"健康"的意义超过了身体：情绪健康、心理健康、精神健康、财务健康在广义上都属于健康的范畴，都是令生活充实的重要方面。

健康不是终点

　　我们对身体健康常常有着被误导的、非此即彼的观点。刚好有个合适的例子：有位读者因我们的文章"你可能要垮掉的十一个迹象"（www.theminimalists.com/broke）中的一个"迹象"而大为不快。她不喜欢我们所写的关于健康的部分，声称："我一直都是"极简主义者"网站的超级粉丝，但这篇文章让我很恼火，因为它给人一种在批判病人的印象……这篇文章如果只谈十点的话或许会好一些。"

　　然而，亲爱的读者，健康就是这整篇文章中最重要的部分！没有了健康，我们便一无所有。当然，健康是一系列东西的集合，它对我们每个人而言都不一样。个人健康，从定义就可以看出来，是针对个人的。

　　文中的观点"不健康等同于抑郁"，并不是说我们就应该把自己的健康状况跟其他人相比（比较往往是不健康的，我们应该尽量避免），这句话也当然不是对任何抱恙之人的批判。而是说，我们都想拥有相对自己而言的最佳健康状态。

举个例子，乔舒亚在八年级打篮球时伤了背，那是二十年前的事情了，现在他的脊椎依旧有问题，不仅会疼痛，不管是跟体操选手、强壮的运动员乃至普通的三十岁男子相比，这个伤都明显限制了他所能做的动作。他有时甚至都没法自己系鞋带。

然而，这并不意味着，乔舒亚就不该努力让自己达到他所受限制下的最佳状态。这样看来，健康是相对的，因此，如果我们想要幸福，就应该努力达到自己最佳的健康状态——无论是否有受伤的筋骨、疾病、疣或其他毛病。事实上，网上充满了各种闪光的范例：有着疾病、残疾或背部受伤的人依然过着有意义的生活，因为他们在自己力所能及的范围内过着最为健康的生活。

还有件事值得一提：说到健康，我们指的并不是用来炫耀的健美肌肉或更好看的统计数据，又或是跟他人去比什么。那些是最终结果，是终点站。但健康本身并不是目的地，而是载你前往目的地的交通工具。

所以，乔舒亚或许因为他受伤的背，永远都进不了NBA（更别提他那平凡的球技了），但那并不意味着他就该为此感到挫败、伤心、消沉。不是的，这意味着他应该好好对待自己的身体这辆车，

健康本身并不是目的地，

而是载你前往目的地的

交通工具。

为其提供日常保养（每天做伸展，按时锻炼，偶尔去看看脊椎按摩师，同时保持健康的饮食习惯，保证充足的睡眠，每天做冥想），这样，他才能够更好地享受前方的旅途。

健康生活的主要成分

简单来说，健康生活有两个主要成分：饮食和锻炼。换句话说：我们吃进身体的和我们对身体所做的。

这句话听起来或许过于简单（表面上看它很简单），但是，从根本上来看，对你身体影响最大的两方面就是你吃什么和你怎样锻炼。你已经明白了这一点，至少是从理论上明白了，但这章的目的则是让你从情感上感受这一点，并为你改善健康状态提供一些简单的工具。

感觉更好

对健康的渴望跟更好看的外形其实没什么关系。当我们说保持健康或过着健康的生活时，外形并不是我们所关心的（虽然，几乎可以肯定的是，一个人一旦开始采取更为健康的生活方式，他立刻就会变好看了，这真是一项绝佳的额外福利）。相反，我们更关心的是你感觉如何。我们想让你感觉更好，而变好看则是在你感觉更好时得到的额外奖励。

因此，在这几页中我们关心的不是那种可以在社交媒体上炫耀的肌肉，而是你自己感觉如何。我们很清楚，如果你感觉良好，就能更好地享受生活中的方方面面。

你的身体摄入了什么

请注意，我们会在接下来几章内用"控制饮食"一词来描述一种合理规划饮食的生活方式（也就是说，改变你每日进食的内容），而不是在表述那种通过控制饮食来达到特定减重目标的行为（比如说，三十天减掉近三十斤）。

对日常饮食结构的调整不光是指吃什么的改变，更是指你怎么看待你吃的东西。临时的控制饮食行为几乎总会在节食过后因体重反弹而宣告失败。而生活方式的改变是不可能失败的，除非你在那之后又有了新的负面变化。

还有一点很重要，需要特别指出：要过上更为健康的生活，并没有所谓的理想的饮食结构。这一点让一些人感到很沮丧，因为由他人告诉自己应该吃什么是件容易得多的事情。遵守一套严格制定、不许偏离的准则要容易得多。

我们在接下来几节要谈论的重点是饮食（再往后几节是锻炼），但上文的小标题所涵盖的内容则比食物要宽泛，而这一点是我们有意为之，因为你摄入体内的东西绝不仅仅包含饮食。认清进入你体内的东西，例如食物或药物，以及以其他方式进入的东西（比如通过皮肤进入的）是非常重要的。

请记住，我们不是为了减肥或更好看，我们的目的是过上更健康的生活，感觉更好。

应该避免的食物

　　说到食品，在不考虑特定的个人饮食禁忌和要求的前提下，如果你想感到更好，有几种食物是应该完全禁止的。

　　1.加工食品和包装食品。我们的食物应该尽可能地接近它们的原始状态。包装食品中的添加剂和防腐剂没有任何营养价值，而且，有些食物中的化学物质可能会长期损害你的健康。

　　2.糖。包括所有种类的粗糖（蔗糖或砂糖），以及一切被称作甜品的东西（可乐、蛋糕、糖果等）。

应该显著减少或完全禁止的食物

这一部分通常是最难做到的，因为断食比控制饮食要容易。结果，在你的日常饮食中完全禁止某些食物（我不许自己吃这个！）比减少某种东西的摄入量要容易（啊，再来一碗面又不会死）。这种心态使得减量行为产生滑坡效应，这通常会导致人们退回到先前的常规食量。我们也承认，要把下列内容全都从你的膳食列表中剔除不太可能，但你总可以严禁个十天（不管什么事情你都可以只做十天的，对吧？），如果之后你非吃不可的话，也可以恢复少许量。

1.麸质、面包和意面。许多人对麸质过敏，哪怕他们自己都不知道这一点。2008年，在肠胃问题出现的次数越来越多后，乔舒亚终于发现了这一点。他的医生告诉他，他对麸质过敏。当他将麸质从自己的饮食中排除之后，便注意到，自己感觉明显不同了。此外，面包和意面（即便是那些少见的无麸质的品种）也会给你的饮食增添不必要的碳水化合物和糖类，它们会让你增重。面包和意面都是加工产品，在我们体内往往难以消化。我们两人一般吃少量米饭，而不是上述那些食品。

2.水以外的一切饮料。咖啡、含咖啡因的茶、碳酸饮料、瓶装果汁以及其他——这些饮品都不是水。它们中的绝大多数都会给你增加不必要的卡路里摄入量，而补充的水分却永远比不上水。

3.奶制品。想过健康生活，你并不需要当一个严格的素食者。事实上，我们俩偶尔都会吃点奶制品（虽然明显降低了摄入量）。但是，问问你自己：为什么人类是唯一一种会进食其他动物奶的动物呢？你认为人类的消化系统是为了消化一头牛身上的奶而产生的吗？如果把奶制品从你的膳食中剔除十天，你会感觉到变化吗？

4.肉类。这一条颇有争议。我们几年前做过试验，中断吃肉，并观察到了显著的效果，于是，我们从此以后就再也没有吃过肉了（除了鱼类，这一点我们会在下一节讨论）。我们能给你的最佳建议是自己去试试——至少十天不吃肉，并留意身体的变化。然后再决定。

应该摄入更多的食物

我们用我们喜欢、也更健康的替代品取代了我们减少或禁止摄入的那些食物。

1.水。我们建议每天喝不少于你体重数值一半数目盎司的水。如果你重达一百八十斤，就至少要喝一百盎司（约两千八百毫升）的水。

2.绿色饮品。想补充能量？每天吃不到所需的蔬菜？喝一杯绿色饮料吧。我们喜欢神奇草绿超级食品（Amazing Grass Green Superfood），它含有你日常所需的大量维生素和其他营养成分。只要把一两勺粉末跟十盎司水（约两百八十毫升）混合，喝下去，就可以感受到不同。我们每天至少会喝两勺。你会马上注意到精力和之前大不相同。绿色饮料同时还帮助你抵抗饥饿，防止你吃得太多。

3.新鲜蔬果汁。为自己买一台营养子弹（Nutri Bullet）牌榨汁机，每天都用一用。如果你想把羽衣甘蓝、菠菜以及其他富含营养的绿色植物加入膳食，买一台强力的榨汁机是个好办法。买不起好榨汁机？把你的垃圾卖掉，去买一个：我们确信，跟那些没用过的小玩意儿相比，这台榨汁机将会给你的生活增添更多价值。

4.蔬菜。蔬菜的热量很低，而它们所含的维生素和其他营养成分却很高。不含淀粉的蔬菜，想吃多少就吃多少——它们对你有好处。

5.豆类。豆类为你的膳食增添健康的蛋白质和碳水化合物。它们也会让你有饱腹感，这样你就不会吃太多。

6.水果。水果比较复杂。它们是健康食品，富含人体必需的维生素、氨基酸及水分，又有着天然的糖分。因此，每天可以吃几块水果作为甜品的健康替代品，但如果它是你的主要食物，我们同样建议你降低水果食用量。

7.鱼类。有些鱼类，比如鲑鱼，含有大量的ω-3脂肪酸，而该成分已被科学证明可以降低冠心病的风险。ω-3脂肪酸还有助于将甘油三酯的含量维持在健康水平。另外，鱼类还可以提供大量蛋白质。我们建议不要吃生物链底层的被捕食生物（如虾、蟹等），因为它们是海洋中的清道夫，以一切沉入海底的死尸为食。

8.有机食物。有机食物不含杀虫剂和其他化学制品，所以，只要有可能，就吃有机食品——你摄入体内的化学物质越少越好。

特别的饮食方式

再次声明，我们不是要求你遵循严格的饮食规定。我们也没有将任何特别的饮食结构作为标准。我们相信不同的人有不同的膳食需求。因此，我们鼓励你用你饮食结构中的不同成分做试验，直到找出最适合自己的饮食结构（也就是说，直到你感觉更好，感到更健康）。除了以上提到的应该避免、应该减少或禁止摄入的食品，我们在此还举出了五类饮食结构，它们会带来良好的效果。

1.素食主义。多数人都很熟悉素食主义，但它其实是很多概念的集合。在最基本的层面，素食饮食结构会避开肉类，但也可能包含其他动物产品，例如奶制品和蛋类。

2.严格素食主义。这是一种不含任何动物制品（肉类、奶制品、蛋类、蜂蜜等）的素食饮食结构。我们都经历过一整年严格的素食生活训练（我们俩打了个一美元的赌，瑞安赢了），而结果令人震惊：我们觉得精力更加充沛了，瑞安体重减轻的幅度非常可观，乔舒亚则维持着健康的体重，最重要的是，我们都感觉更棒了。在那次经历之后，我们决定把一些奶制品、蛋类和鱼类加回到饮食结构中，这就是我们接下来要谈论的饮食结构类型。

3.鱼素主义。这是我们两人目前遵循的饮食结构。鱼素主义者即食用鱼类的素食主义者。我们也会吃一些奶制品，虽然吃得比以前少了很多。

4.石器时代饮食主义。虽然我们两人都不认同这类饮食结构（因为我们不吃肉），但是我们有一些朋友从石器时代饮食法或原始饮食法中收到了显著成效。石器时代饮食法模仿了地球上多数人类在农业革命（这也仅仅是往前数五百代人的事）发生之前摄入的食物类型。这些食物（新鲜水果、蔬菜、瘦肉和水产）富含营养，有益健康。石器时代饮食很少包含那些会引起体重增加、心血管疾病、糖尿病以及其他健康问题的食品（精炼糖、细粮、奶制品、反式脂肪、盐、引发高血糖的碳水化合物和加工食品）。石器时代饮食鼓励人们用新鲜水果和蔬菜取代奶制品和谷物制品，提倡那些比全谷类和奶制品更有营养的食物。若想了解更多信息，请前往paleoplan.com网站。

5.间歇性禁食法：间歇性禁食是一种禁食（只喝水）和正常饮食轮流进行的饮食方式。举个例子，一个间歇性禁食的人可能会每天连续十六小时不吃东西，然后再在八小时内吃两三餐。因此，以上四类饮食习惯都可以应用于间接性禁食法。尝试这种饮食方式的人（就算只维持十天）通常会看到很好的效果。在我们编辑本书的初版时，乔舒亚开始遵照这种饮食方式，并在一周之内看到了显著成效——更低的体脂，更平的小腹，更有质感的肌肉。马丁·贝尔克汉（Martin Berkhan）通过间歇性禁食法获得了令人难以置信的成效（包括远超过本书讨论范围的肌肉量）。你可以在leangains.com网站上读到更多关于间歇性禁食法的内容，以及马丁·贝尔克汉的故事。

改善日常饮食习惯

　　很多大幅改变饮食习惯的尝试从长期来看都失败了，因为它们改变的内容太多，人们觉得难以坚持。我们建议，比起确立一套完整的饮食方案，你应该一次改一样，每样坚持十天（改变十天这种事谁都办得到，对吧？）。亲身实践上文提到的饮食方案（不是节食计划），然后遵守适合你的那一款。饮食习惯是一种生活方式，也就是说，它不单是一件你要去"完成"的事情。你的饮食习惯是一种永久性变化，而不是临时采取的措施。

　　因此，你的日常生活习惯为饮食结构打上了烙印。一旦你采取了健康的饮食方式，你就会感觉更好，而你的身体也会感谢你。食物应该被视为营养品，而非享乐手段。

药物、毒品和化学制品

看一眼你的医药箱。你接受了怎样的药物治疗？你每天吃多少药？你为什么要吃那种药？还有替代品吗？如果有，你自己检验过吗？如果医生给你开了某种药物的处方，你问过为什么吗？你问过其他替代选项吗？

或者更糟的情况：你吸烟吗？是不是喝了太多酒？定期嗑药？如果是，为什么要这么做？

如果没有揭开这个话题的表层，让你扪心自问这些问题，我们就太失败了。有些药物治疗非常重要，能挽救生命，但是，很多药物——连同一长串副作用列表——并非必需，而且可以通过适当的食疗和锻炼来替代。此外，如果你在做伤害自己身体的事情，那么你终将会为此买单。

你对自己的身体
做了什么

　　我们都知道，坐在沙发上，吃着薯片、看着电视并不会带你走上健康生活的道路。但还有一种常见的错误观念：你必须严格按照锻炼的那一套体系去做才能变得健康——比方说，你必须每天跑八千米，一周七天去健身房，还得能仰卧着推举起一辆小型的欧式汽车才叫健康。这并不是事实。

定义锻炼

我们不打算练得像个健美运动员。我们关心的是身体健康，体形匀称，对自己的身体状况感觉良好。在过去的几年间，我们试验了一些对我们有效的方法（其他很多东西对我们没什么用），而在此期间，我们发觉评价成功与否的最重要标准不在于体重秤上的数值，而是以下两件事：

1. 我们是否在持续地改善健康？

2. 我们对自己的进步是否满意？

这就是我们对自身成功与否的评价标准。因为减掉了你想减去的体重、却仍旧对自身健康状况不满意，这种事情也是有可能的。事实上，这件事就曾经发生在乔舒亚身上。

通过结合鱼素主义和间歇性禁食，乔舒亚在几年之内减去了七十斤。表面上看起来好极了，而且这当然也是件好事。然而，在二十八岁的时候，尽管体重已经比以前轻了很多，但他肌肉松弛，软弱无力。接下来，经过两年时间，他养成了一些细微、简单的日常习惯，让他在三十岁时成功瘦身，达到有生以来的最佳体形。

日常锻炼习惯

　　这些年，我们俩都尝试了各种锻炼技巧，以求改善自身健康状况。我们每周去健身房四至六次。我们试过跑步、举重和其他各种运动。好消息是，这些都有效果。诚然，有些运动比其他的更好一些，但可以肯定的是，任何运动都比什么也不做要好（而这就是我们以前所做的事情——什么运动也不做）。

　　在两年间体验了各种不同的锻炼方法、并与好几位私人教练交流后，乔舒亚总结了他的"十八分钟的极简主义锻炼法"。

乔舒亚的锻炼原则

1.享受锻炼。我只做自己喜欢的锻炼。我不喜欢跑步，所以我就不跑。我试着跑了六个月，发现这不适合我。如果你看到我在跑步，快叫警察，因为这一定是有人在追赶我。我找到了其他有氧运动：每天走路，在健身房踩椭圆机，做那些包含有氧运动的自重训练。

2.锻炼释放压力。我把锻炼作为减压的主要手段。感到紧张或有压力时，我喜欢在晚上去健身房（或者公园）。在漫长而又紧张的一天快结束时，锻炼总会给我独处的时间，让我思考什么更为重要。

3.多样化，让锻炼保持新鲜感。当我刚开始锻炼时，我每周去三次健身房，这当然比完全不锻炼要好。此后，随着我变得越来越认真，去健身房变成了日常——差不多每周六次（就算我每周工作七十小时的时候也不例外）。但这种日程太耗时间了，而且一遍又一遍地做同一种运动最终让我进入了停滞期。现在，我把几种运动结合在一起：我每天会走很长的路，仍旧每周去几次健身房，但日常十八分钟各种多样化的运动所带来的影响才是最大的。

乔舒亚的十八分钟锻炼

老实说，十八分钟听上去像是个随意定下来的数字——因为它就是随便决定的。当我刚开始自重训练时，脑中并没有具体的时间概念。但我给自己计了时，发现几乎每次我都是在十八分钟左右筋疲力尽。因此，下列项目就是我十八分钟的锻炼内容，你可以在客厅、室外或任何地方完成——就算在户外淋雨也一样。

在这十八分钟内，我通常轮流交替做以下几种练习。当然你也可以按照自己的喜好来安排。而且，这些锻炼项目男女皆宜。

1.俯卧撑。两年前我连一个俯卧撑都做不了。后来，我终于能做一个了（这是在做了几周调整版俯卧撑之后的事情）。过了一段时间，我能做十个了，然后是二十个。现在，我能连续做五十到一百个。我倾向于每天做三到五组，这样，十八分钟内大约可以做三百个俯卧撑。

2.引体向上。两年前，我觉得我永远都做不了引体向上。终于，我学会了怎样用引体向上拉杆做一次，然后我的力量就慢慢提升了。很快我就能做两个了，接下来是四个。我现在能连续做十二到二十个，每天做三到五组，十八分钟内累计做四十到六十次引体向上。我经常用公园的单杠或家里的引体向上拉杆做。我以前痛恨做引体向上，现在，它却是我最喜欢的锻炼项目。

3.深蹲。我最近才开始做自重深蹲，却已经注意到了显著的变化。我现在按二十至三十个一组，只做三组或四组，但我会继续努力提升，继续进步。

我没有特别的常规计划，只是在两组之间休息三十秒，从一项锻炼跳到下一项。在大约十八分钟后，我筋疲力尽，而此后我感觉极佳。过去无聊乏味的事情现在令我十分振奋。

你可以努力提升自己，就算你连一个引体向上或俯卧撑都做不了也没关系。每个人每天都能抽出十八分钟来关心和改善自身健康的，对吧？

睡眠

　　人们经常放弃睡眠去"成就"他们想做成的其他任何事。但是，如果你的期望是过健康生活——达到最佳状态，去体验和享受生活，那你就需要足够的休息。

　　人体所需要的睡眠时间因人而异。我们读过的最引人注目的研究中有部分指出，你平均每晚应该睡八至十小时。关于睡眠的文章，我们看过的最好的一篇是《怎样变得更聪明，睡得更多，并获得更多的性生活》，由朱利恩·史密斯所写，可以在inoveryouhead.net/sleep-is-awesome/上在线阅读。

健康必须项

　　我们坚信要将你"应该做"的事情转变为"必须做"的事情。当你想改变某个习惯时——可以是饮食、锻炼或其他任何习惯——这种想法的变化就是引爆点。就在这一刻，你获得了充足的动力。就在这一刻，你一直拖延的某件事变得紧急、必须、重要起来。就在这一刻，改变本身成了"必须做"的事。

　　在我们的网站上，我们鼓励人们为生活的各个领域列出"必须做"列表。也就是说，我们鼓励你列出自己拖延了的事项，把那些"应该做"的转化成"必须做"的，寻找出发点，然后付诸行动。关于个人健康，"必须做"的事情数量很少，而这些"必须做"的事情涵盖的范围又相当广：

　　你必须营养配餐。

　　你必须定期锻炼。

将你"应该做"的事情转变为

"必须做"的事情。

你必须营养配餐。

你必须定期锻炼。

你必须戒除有害之物。

你必须把自己的身体当作

最宝贵的财富来看待。

你必须戒除有害之物。

你必须把自己的身体当作最宝贵的财富来看待——因为它确实就是你最宝贵的财富。

我们鼓励你创建自己的"必须做"列表。为了体验更美好、更健康的生活，你"必须做"的是什么？

极简主义有益健康：我是怎样减掉七十斤的

乔舒亚·菲尔茨·米尔本

我们生活中的时间

"我没时间锻炼。我太忙了！"

我们都对自己撒过这样的谎：如果有更多时间，我们就能练出好身材；如果不是这样忙得团团转，我们就能减掉超重的那十几二十斤，甚至八十斤都有可能；如果每天能多几个小时，我们就会努力去健身房。

我以前也跟自己撒过同样的谎。在我二十出头的那些年，我超重了六十斤。我不去照镜子，因为看到镜中的自己让我感到尴尬。我胖得身材走样，自己对此也深恶痛绝。

我们还对自己撒了另一个谎。我们说："从下个月、下周或明天开始，我就会去锻炼的。"但明天永远都不会来，对吗？因为无论明天、下周，或别的什么时候，我们还是一样忙，所以我们一而再、再而三地拖延，直至再也不提这茬儿。托尼·罗宾斯管这叫终极明日综合征，因为明天永远不会到来。我们只有今天。

你知不知道这两句谎言从本质上看是完全一样的？你看，我们总是随着时间推移做着同样的滑稽事。我们总认为，虽然今天没有足够的时间，但就像有魔法一样，明天我们就会有更多时间，明天我们就能锻炼身体、健康饮食、获得好身材，就算我们完全不改变自己正在做的事情。

这很好笑。在吃这一点上我们倒不这样做了，对吧？如果你家里没有足够吃一周的食物，你会不会说"哦，没关系，我下周再开始吃东西"？当然不会。

走向健康之路，第一件事情就是停止欺骗自己。

两种解决方案

有两件事可以帮你迅速走上正轨：

1.让改变成为必须。不是应该做的，而是必须做的。

2.极简主义。摆脱生活中多余的部分，你就能集中精力做重要的事情。

我花了近两年时间减掉了那七十斤恶心的肥肉，不过那是七年前的事情了，而我一直保持着减肥后的体重，再没长回去。我三十岁了，现在的体形处于我人生中的巅峰。之后也只会变得更好。

我是怎么做的？

首先，我将锻炼身体和健康饮食列为必做之事。每周必须锻炼至少三次，每天的摄入量不得超过两千千卡，禁食油炸物和糖类。

虽说那对我而言十分困难，因为我那时候仍然极度忙碌，仍然觉得没有时间每周锻炼三次以上。我生活中有太多东西需要专注去做，因此我花了那么久才得到好身材。

如果当时采取了极简主义，我走向健康生活的速度或许可以显著加快……

极简主义的作用

如果关注了我的推特，你或许已经注意到，瑞安和我经常在早上五点或六点去健身房。我们更新这些推特，不是为了让你佩服我们，而是想让你知道挤出时间锻炼是可能的，即便是瑞安这样的家伙，每周工作时间仍旧超过六十小时，而且还有其他诸如陪同家人和恋爱多年的女友之类的职责，这些也是可能的。说真的，利奥·巴伯塔有六个孩子，他仍然每天锻炼。你也可以。

这通常并不容易，但当你将其视为必做事项，你就别无选择。当你必须做某件事时，你无法选择拒绝。如果没有信奉极简主义，瑞安的情况会变得糟糕得多。但舍去生活中那些多余的事物之后，我们便能更好地分清主次，列出优先项。你的健康应该排在优先列表的顶端。

乔舒亚的锻炼必须项

健康当然是排在我的优先列表的首位的。我之所以还在持续成长、身材越来越好，是因为我总是在尝试和挑战自我。挑战自己是很重要的，因为即使我们失败了，我们也比最开始做得好。

我曾经要求自己每周至少去三次健身房。你猜我那时候每周去几次？三次！偶尔也会去四次（方便的时候应该会这样）。而且我也只在方便的时候做有氧运动。

近来我把最少次数提高到五次了。你猜我现在每周去几次？五次！而在那五天里，我每天都必须做有氧运动，还必须做重量训练。没有例外。例外不得存在于必做事项中。

这是怎么做到的想来也是有趣，不是吗？当每周锻炼三次成为必做事项时，我就那么做。现在我没有每周锻炼少于五次的选择，就算我累了、我不想在早上四点半从床上爬起来和瑞安一起去锻炼，我也别无选择。这就是必须做的。我们俩坚持互相督促也有所帮助。

"虽然我已经把它列为必做事项了，这周却依旧没有时间去锻炼。"这句话我听过太多次了。扯淡，我以前就这么回应的。事实是，你这么说，就意味着你没把它当作必须做的事情。它对你而言依然只是"应该"做的。

坚持锻炼了六个月以后，我开始期待它，享受它，甚至开始渴望它了。很多坚持锻炼的人会跟你说同样的话。

乔舒亚的饮食必须项

这些年来，吃得更健康对我而言同样是必须做的事。我仍旧吃着低于两千千卡的食物，仍旧禁食面包和糖，一切进行得十分顺利。

写到这里，有位读者询问关于"欺骗日（cheat days，即在特定的一天敞开吃）"的事情。我的回答是：我不相信什么欺骗日。食物不是娱乐消遣，而是营养来源。退一步讲，就算非要"欺骗"——你想想，你其实就是在骗自己——我也会把它控制在每周仅一餐。

就个人而言，我不吃（鱼以外的）肉，但我相信你可以在吃肉的同时做到健康饮食。然而，你应该禁止（或大幅减少）三样食物的摄入：糖、油炸食品（或其他任何含大量脂肪的食品）以及复合碳水化合物（面包、意面等）。事实上就是这些，真的没那么难。

我一般每天吃两到三餐。我不再额外吃零食（零食罪大恶极）。我吃很多沙拉、水果以及蔬菜，每天还至少喝两千八百毫升水。我对类似Chipotle那种卖墨西哥卷饼的餐馆上瘾，但是我只吃卷饼馅（不吃饼），放少量米饭、大量豆子和蔬菜，外加一点点奶酪。我也尊重如朱利恩·史密斯还有杰夫·萨里斯（Jeff Sarris）那样恪守石器时代饮食结构的人，他们的饮食结构与我接近，虽然我的饮食结构没有特定的名称，我就叫它健康饮食。

吃健康食品的花费并不比其他饮食方式多。事实上，可能还更便宜，因为你要买的东西更少了。为了下列两个理由，我刻意只在家里留非常少量的食物（对的，几口之家也可以这么做）：

1.我不要浪费金钱买很多食物。

2.我家里甚至没有零食来让我开小灶。

那要是特别想吃怎么办？说起来可能不太礼貌，但想要管住嘴并不需要多强的自律。就是别吃。我再说一遍，食物不是娱乐消遣。我通常将痛苦与我所渴望的垃圾食品联系到一起，因为我目睹过吃下它们给我身体带来的恶果。如果你也这么做（把痛苦和垃圾食品联想到一起），那你就会有足够定力不去吃它了。

怎么由垃圾食品联想到痛苦？你可以这么做：在你要吃什么东西之前，把衣服脱掉，挺起肚子，光着身体站在镜子前看自己。这招以前对我很管用。还想吃那块蛋糕吗？

饮食和锻炼最棒的一点就在于我现在感觉好极了。你知道说"我现在拥有有生以来最佳的体形"感觉有多爽吗？我想让你也能那么说。我确信你能做到。如果我能帮上忙，请告诉我。

更多时间

　　讽刺的是，锻炼实际上给了你更多时间，而不是把时间夺走了。它不光能延长寿命，对我个人而言，它还让我跟我最好的朋友建立了更紧密的联系。当我一个人锻炼时，它又给了我独处的时间，留给自己的时间，而我们都知道这是很重要的。锻炼是一种意想不到的帮你重获时间的方式。

今天

　　我建议你今天就做出一点行动（从饮食和锻炼两个方面）。你不需要加入某个健身房，只需要让自己动起来。所以现在就关掉你的电脑，出门散步、慢跑、快跑、骑车，或做点别的什么。而且，从今天开始吃健康食品，把它当作必须做的。

处理压迫感

乔舒亚·菲尔茨·米尔本

　　我在这世上已度过了整整三十年，其间我一直在与一种感觉做斗争，比与其他任何情感的斗争都要强烈，那就是被层层重负压倒的感觉。而这种情况在今年有所改变。

　　一直以来，我都被工作压得喘不过气，被邮箱里铺天盖地的电子邮件掩埋，光是想到去健身房锻炼这件事都会不知所措，迷失在互联网上，迷失在智能手机里，被电话、电子邮件、短信、即时消息、黑莓BBM信息、推特更新、脸书状态等成千上万、零零散散的信息排山倒海般淹没，这就是日常。

　　我变得神经过敏起来。我压力重重，对一切都感到担忧：如果今天不回复那封电子邮件会怎么样？如果没及时回复那条语音留言会怎么样？如果我失败了可怎么办？如果他不喜欢我该怎么办？如果她不再爱我了该怎么办？如果，如果，如果……

　　压迫感是个没心没肺的贱人，让我们自我怀疑、迷茫消沉。她又很容易进入我们的生活。面对日常生活中那道由各种信息织成的弹幕，被压倒似乎也是自然的。既然其他人也如此，我为什么不这样做呢？然而，其实有办法与她友好分手，有办法让她无法进入我们的生活。

极简主义使我以一种之前完全想不到的方式来应对重压。它让我明白，我们感到不知所措，不是因为有成千上万条信息整天在耳边嗡嗡作响，而是因为那巨大的信息量本身。换句话说，我们之所以觉得被压垮了，是因为生活中有着太多的事情。而这种压迫感则是一种报警信号。

今年我终于意识到了这一点。这种压迫感其实是要帮我，而不是害我。她站在我肩膀上，说 "喂，呆子，你逼自己干的事情太多啦"，以及"喂，笨蛋，你生活中没用的破玩意儿太多啦"，还有"喂，傻瓜，对，就是你，你难道不觉得自己正在做的事情根本就没那么重要吗？"

压迫感其实是来帮助我的，让我走上正确的轨道，让我为承担了过多不必要的责任而感到痛苦，为接受了太多不必要的东西而感到痛苦，为现状而感到痛苦。一旦意识到这一点，我就能够摆脱过去那些例行公事，培养自己的爱好，而不是让那些枯燥无趣的任务充斥每一天——从而可以专注地去做重要的事情，过上更有意义的生活。

今年我很快减少了那些对我来说并不重要的事情。再也没有什么"任务"清单了。再也没有什么日常邮件了。再也不用看电视了。再也不用在家上网了。再也没有什么非必需的账单了。再也没有什么不必要的电话了。再也不需要挂钟时刻提醒着时间了。现在我专注于对自己来说真正重要的事物：我的人际关系、我的健康状况、我热爱的事；实现个人成长，并通过有意义的方式对他人做出贡献。

最开始，我以为别人不会理解我。我以为朋友和家人会排斥我这种变化，担心他们会觉得被冒犯，因为我没有在二十四小时内回复他们的电子邮件，没有在一小时内回复他们的电话，没有遵照以往的惯例。然而我发现，生命中最重要的那些人很尊重我这种新的生活方式、这种新发掘的淡然态度，以及我更平静而专注的人生。一旦我跟他们形成了这样的默契，他们就尊重我的决定——对我来说真正重要的人是这么做的。他们之中有些甚至将我的生活方式引入了自己的生活，体验着一种全新的生活，一种更为充实的生活，一种泰然处之的生活。

嫉妒是一种无用情绪

乔舒亚·菲尔茨·米尔本

我们都会嫉妒，不是吗？事实并非如此，不是每个人都尝过嫉妒的滋味。

我不会感到嫉妒。这听起来有点怪，是不是？好吧，说来也怪，但这是真的。我没尝过嫉妒的滋味。我体验过悲伤、快乐、愤怒、狂喜以及其他许许多多的情绪，但没有尝过嫉妒的滋味。

为什么？因为与其他情绪不同，我可以选择不去嫉妒。

这些年来，看到人们因种种原因而陷入嫉妒，我明白了一点：我们的生活中充满了嫉妒、羡慕和贪婪，这其实是我们充满竞争性的、消费导向型的社会文化的产物。

更糟的是，事情的危害比我们想的还要严重。嫉妒滋生于竞争，尽管我们通常给它贴上诸如"竞争精神""坚韧不拔"或"志向远大"之类的漂亮标签。

事实是，在这种文化的影响下，嫉妒使有些事情变得势在必行。例如，追求所谓富人名流的生活。于是，我们嫉妒富翁阔太太们的巨款、豪宅、香车、大游船、度假别墅、昂贵的度假旅行以及其他的一切——当今社会中媒体所宣扬的奢华虚荣。

然而，我们不光为物质财富而嫉妒，还为人际关系而嫉妒：觉得我们的朋友没有花足够多的时间陪伴自己，我们的爱人没有对自己付出应有的关心，我们的顾客没有足够的忠诚度。这些烦恼缠绕着我们。他陪我的时间不够多。她对我不够关心。我们会这么想，是因为要跳出自身很难，要意识到"我并非世界的中心"其实是一件很困难的事情。

还是有好消息的。比方说，我们可以选择把电视关掉。我们可以把嫉妒这种情绪从我们情绪库中移除。就如电视，有时候想关掉它是很困难的（总有些有趣的节目，对不对？）。但停止嫉妒却可以显著改善情绪。因为，归根结底，嫉妒是没用的。很多负面情绪是有用的：痛苦告诉我们有什么地方不对；恐惧让我们三思而后行；而嫉妒，不管是出于何种原因，都毫无助益。

但是，该怎么做？

要停止嫉妒，最简单的方法就是停止思考他人的意图。我们会嫉妒，往往是因为认为某人的行为意味着什么，而事实上他并没有那个意思。然而你永远不会知道别人的真实意图，所以思考这些根本就是浪费时间。

如果你还在为他人的意图而挣扎，那么你可以从以下两件事中选其一：

1.询问他们这么做/说是什么意思。

2.接受事实：不管你怎么问，别人的真实意图永远无从得知。

关于嫉妒，最重要的一点：你可以让它停下。你可以停止对他人意图的思考。在嫉妒的另一头，更美好的生活正等着你。

如何做出超难决定

乔舒亚·菲尔茨·米尔本，瑞安·尼科迪默斯

无论怎样的旅途，第一步总是最难的。这对极简主义之旅也成立。根据我们的情况，第一步并不是什么必须完成的任务，而是下决心。确切地说，是下决心去改变生活。

下决心总是困难的。而拖延却很简单——至少拖延一时很简单。但拖延得不到任何回报。

无论是离开你的妻子，毁掉你的车，断绝后路辞去你痛恨的高薪职务，亦或是逃离你的童年故居，都是一回事，也都一样难。

真相是你本应幸福，却有东西挡住了你通往幸福的道路。

我们的社会正在重生，为了能跟上节奏，我们不得不做一些困难的决定。是或否，你都必须给出回答。你不能什么都要，还想拥有自由。

早晚都会有这一刻，你再也无法躲避那些我们已经做过的事情。你不得不做出选择，而我们相信那将会是生死抉择。

好多年来，你都没弄清问题到底是什么，于是感到心痛，认为自己大错特错了。

然而，要做出改变，最困难的部分就是决心，即决定何时付诸行动，即知道为了改变必须做决定的那一刻。

这听起来或许像是大话，所以，让我们说得更具体些。

两种决定

从根本上说，我们坚信你做出的决定分两种：理性决定和感性决定。

理性上，我们已经知道，我们想让自己的生活发生改变。我们知道自己不快乐、不满足、不充实。我们知道自己没有自由，没有真正的自由。问题在于我们是理性地明白这些，而非感性地。我们并没有发自肺腑地觉得必须有所改变。我们只知道应当改变，但改变对我们而言却不是必须的。正如我们一贯重申的，人生中的根本性转变，只有在人们将"应该做"的事情变为"必须做"时才会发生。

"应该做" VS "必须做"

这就像你告诫自己的其他事情一样。

我应该改变。

我应该停止乱花钱。

我应该少做点工作。

我应该把那些垃圾全都扔掉。

我应该吃更健康的食品。

我应该锻炼。

我应该多写点东西。

我应该多读点东西。

我应该少看点电视。

我应该，我应该，我应该……

最终的结局就是你给自己留了一身的 "应该"。在把所有事情都搁置了许久之后，在一遍又一遍的拖延之后，你真的觉得自己狗屁不如。

然而，一旦从情感层面明白了这些，你就会把"应该做"的变成"必须做"的。

我必须改变。

我必须停止乱花钱。

我必须少做点工作。

我必须把那些垃圾全都扔掉。

我必须吃更健康的食品。

我必须锻炼。

我必须多写点东西。

我必须多读点东西。

我必须少看点电视（或者完全不看电视）。

我必须，我必须，我必须……

回过头，大声说出来。我是认真的，在你回过头大声说出这些"必须"之前，不要做其他任何事。你能否感觉到，跟上面一模一样的"应该做"列表相比，它们听起来要有力得多吗？"应该做"列表消极被动，节节败退，令人昏昏欲睡，死气沉沉。而"必须做"列表则生机勃勃，活力充沛，元气满满。我必须采取行动！

很简单，现在你唯一要做的就是列出自己的"必须做"列表。你必须做的事情有哪些？若要从根本上改变生活，什么是必须发生的？不管要花多长时间，写下你所有必做之事。

我必须……

我必须……

我必须……

我必须行动。这就是我们开始旅程时所做的决定。而你也必须行动。

虽然旅程的第一天甚至跟采取行动没什么关系，但那一天依旧是你最困难的一天。就在今天，你必须下决心，必须有所改变。至少你从理性上明白，自己并不因当前生活中的种种而感到幸福快乐。但你不能一边这么想，一边那么做。若你的行动与愿望不一致，那你就永远都不会感到快乐、充实和满足。

看一看你的"必须做"列表。把它贴在你随时都能看到的地方。现在，停下手头的一切，做出决定。决定改变你的人生，过自己想过的那种生活。不要只是用头脑去思考这种变化，用心去感受。认识到你必须改变。感受你神经末梢的改变。

今天是你有生以来最美好的一天，因为正是在今天，一切都改变了。正是在今天，你那些"应该做"的变成了"必须做"的。正是在今天，你决定采取行动。今天是你新生活开始的第一天，你极简主义生活的第一天。

Chapter 3

第三章

人际关系

人际关系的重要性

人际关系是五大价值中最重要的。不信吗？让我们来证明它。

想象一下，如果你彩票中奖了，获得了有生以来最佳的身材，还清了债务，搬进了理想的房子（当然是在海边），而且从此以后再也不用工作了。

现在再想象一下，如果你明早醒来，却没有人能跟你一起分享新生活的喜悦。没有朋友。没有家人。没有你爱的人。啊，心好痛。你最终获得了"你想要的一切"，但却无人可以分享。没有人际关系，你就无法过上有意义的生活。

定义人际关系

　　有时候人们用"关系"一词指肉体关系或亲密关系，不过，在这里，我们所说的是更为广义的人际关系：你的人际关系包括你经常打交道的人，身边的人——朋友、同伴、配偶、恋人、室友、同事、熟人，或者其他任何你会定期打交道的人。

　　我们都想被爱。我们都想去爱。我们都想有人能一起分享生活。我们中有些人（尤其是瑞安这样外向的人）想从很多种人际关系（家人、密友、女友、他指导的人等）中得到爱和关注，而另一些人（尤其是乔舒亚这样内向的人）只想要少量特定的人际关系。两种想法都说不上对或错：你的想法基于你的个人倾向，无论你是怎样的人，我们都需要人际关系来成长、成功。

我们都想被爱。

我们都想去爱。

我们都想有人能一起

分享生活。

反思过去的人际关系

　　过去不等于未来。活在过去就相当于开车时只看后视镜——如果你不知道前方有什么，就会撞车。

　　正因如此，过去的人际关系不一定能说明未来的人际关系。这是个好消息。很多时候，你不会去想自己为什么牵扯进某个特定的人际关系中——刚好遇到，你便理所当然地接受了它，即便这种关系让你不开心。

　　然而你可以从过去的人际关系中吸取经验。美好的时光告诉你哪些事情进展顺利，并教给你构建未来的策略。而那些不愉快的记忆则帮你认清坏事是怎么发生的，并为未来回避不良关系提供经验指导。回顾往事，一切都变得更清楚了。

建立更好关系的
三种方法

有三种方法可以建立更好的关系：

1. 寻找超棒的新人际关系。

2. 改造你现有的人际关系。

3. 改变你自己。

这一章我们会聚焦在以上三种可能上。

评估现有关系

是时候认真地看一看你现有的人际关系了。它们让你快乐吗？它们让你满意吗？它们支持你吗？它们帮助你成长了吗？在评估你现有的人际关系时，这些都是需要考虑的重要问题。

试着给你的全部人际关系（不问巨细）列出三项内容：

1.姓名。第一列是姓名。先填这一列。想一下经常与你来往的所有人的姓名。你的家人、挚友、伴侣、同事、老板、老师，以及那个隔着七个房间、在他以为没人看他时挖鼻子的家伙。想想你生活的方方面面。你在与谁来往？在这一列你可能写下二十个人，也可能写下四百个人。无论哪种情况，花点时间，列出你的名单。

2.标识项。完成了第一列，第二列的内容则是从"首要""次要""外围"这三项中选一项，填在每个人名后面。

首要人际关系，无论好坏，都是你最亲密的关系。这一档关系中可能包括你的心上人、直系亲属以及密友。首要人际关系中的人就是你人生这部戏的主角。

次要关系这档与首要关系相似，只是次要关系由于各种原因，价值略低。这层人际关系可能包括你的好友、老板、精挑细选的几个同事，以及关系稍远一点的家庭成员。次要人际关系中的人是你人生中的配角。

可能你生活中的绝大多数人都会被划分到第三类——外围人际关系中。外围人际关系可能包括多数同事、邻居、社区成员、熟人、远房亲戚等。这些人是你人生这部戏的小角色（而且，有时候还是多余角色）。你倾向于尊重他们的意见，在这些关系中，你至少也能获得某些价值。

3.影响。列表中的最后一列要填的是这些人际关系对你人生产生的影响："正面""负面""中性"，三选一。

正面的人际关系让你快乐，帮你成长。

负面的人际关系让你不快、空虚、沮丧、不满。它们不一定会让你不高兴，多数时候，你对此感到矛盾、纠结，五味杂陈。

需要指出的重要一点是，首要人际关系也可能是中性或负面的。这并不意味着这些人际关系不会改变，而是说某人与你极度亲密，并不意味着他们就会带来正面关系——有些最为负面的人际关系恰恰源于排在前两档的人。相反，虽然你的外围关系中很多都是中性的，但其他外围档的人际关系也可能让你十分高兴，结果正面的外围人际关系就变得更加重要。

如何处理你现有的人际关系

当你把表格列完，检查一遍，并回答以下重要问题：

1. 你有多少人际关系？

2. 为什么会这么多（或者这么少）？

3. 首要人际关系占了多大比例？

4. 次要人际关系占了多大比例？

5. 外围人际关系占了多大比例？

6. 正面人际关系占了多大比例？

7. 负面人际关系占了多大比例？

8. 中性人际关系占了多大比例？

一旦你回答完这些问题，就该各个击破了。

很明显，重要的那些人际关系，无论好坏，都在前面那两档，而最重要的关系则处于首要的那一档。然而，不幸的是，由于人际关系中绝大多数都属于外围那一档，你可能会把大部分时间花在外围人际关系上。结果就是（如果你和多数人一样），你把多数的时间、努力和注意力都放在对你影响最少的那群人身上。

这种状况必须改变。

首先，看一下外围那档里的所有人。其中谁是你希望在你人生中占有更多戏份的角色？你想让这些人进入你首要或次要的人际关系中吗？如果有，你需要采取什么样的行动去加强这些人际关系？你需要怎样帮助他们成长？花点时间，想一想这些关系。

一旦在外围人际关系中找出了你想移入前两档的，你就有必要认清外围人际关系组中其他人的角色。这些是你关心的人，祝福的人，但他们同样是消耗了你大量时间的人。因此，有必要花更少的时间给这一组，而把注意力集中在你的首要和次要人际关系（包括你想移进这两档的外围人物）上。这可能意味着你要对有些人说更多的"不"，或在未来拒绝一些承诺。对另一些人，则要坐下来好好谈谈，解释说你需要一些自己的时间，来专心处理人生中的其他方面。我们的观点是：用心创造最有意义的人际关系——你人生中重要性排在前两档的人际关系。

同样，也有些人处在你的首要和次要人际关系里，实际上却不该属于那一档。这些人在你的生活中扮演怎样的角色由你来决定。

这一点对那些被你贴上负面标签的人际关系而言尤为重要。

必须牢记的是：你的人际关系在你往后的人生中并不是固定不变的。随着年龄增长，会有不同的人走入或走出你的生活，而他们与你关系的重要程度也会改变。许多十年前与你关系紧密的人现在已经不再亲密了，对吧？同样，你未来的人际关系也会继续变化、成长。因此，在这个过程中积极行动就很重要了。你要主动选择自己的人际关系，而关于前两档人际关系的调整，往往需要做出艰难的抉择。

最重要的人际关系

首要人际关系是目前为止在你生命中最重要的人际关系。这是你的核心团队，他们对你来说是最重要的人。本章剩余部分将集中讨论首要人际关系（现在的以及未来的）——你爱的人，你愿意为他们做任何事的人。这些关系通常包括：

1.亲密关系。你的爱人、伴侣、配偶。这通常是你一生中最重要的人际关系，应当受到相应的重视。

2.密友。我们最好的朋友。这种密友通常不超过五人，你与他们十分亲密，深深地关心着他们。父母们的老生常谈——你最亲密的朋友的数量一只手都数得过来——一般来说是正确的。

3.直系血亲。父母、子女以及其他近亲。

关于次要关系，有一点需要指出：你的次要关系同样举足轻重（比外围关系明显重要得多），但只有在完成了应该为首要关系做

极简主义 Live a Meaningful Life Minimalism

的事之后，你才可以把自己的时间和精力给予次要关系人。首要关系享有最高优先级。这可能意味着，在必要的时候，你需要把次要关系档中的一人或两人移至你的首要关系档（或相反）。

改变自己，而非他人

你无法让自己身边的人改变，同时你又可以改变身边的人。

有时候，你必须摆脱某些特定的人际关系，即便这些关系价值极高。有时候别人的信仰和价值观与你截然不同。碰到这种情况，你可以终止这段关系，或者，至少改变它的期限。

我们都会随着时间流逝而改变：有时我们与某些人变得更加亲密，有时会更为疏远，有时我们不再相爱，有时我们走到一起。某些人变了，不意味着他们就不再爱你，不再深切地关心你了，他们只是变了而已。

更多时候，你无法指望一个人各方面都按照你希望的那样去改变。当然，有些人的生活极大地改善了，但在任何关系中，你都不应该指望他人为了遵守你的标准、信仰或价值观而改变。

你唯一能改变的人是你自己。当你以身作则时，与你走得最近你唯一能改变的人是你自己。

当你以身作则时，

与你走得最近的人

往往也会跟着效仿。

的人往往也会跟着效仿。如果你改善了自己的饮食，开始健身，开始密切关注那些重要的人际关系，并为人际往来制定更高标准，那么你就会注意到人们在做同样的事情。如果出现在聚会中的是最好的你，那么你就会带动其他人也做最好的自己。

不幸的是，有时候一些关系不再融洽——婚姻、亲密关系、密友、和老板之间的关系、家人之间的关系等，你所能做的就是改变自己（而不是力图"改造"他人）。如果你不快乐，就不必保持某种关系。而这并不意味着你就不该努力反思这段关系中出现的问题，只是说，如果行不通的话，你可以退出这段关系。

在改变或终止某段人际关系之前，设想一下，未来你所期待的人际关系是怎样的。接下来几节讨论了一些如何预期未来人际关系的点子。

人际关系的成长

　　不管你现在的人际交往是积极的还是消极的，你都希望它们能够继续改善，这样，在未来你就会有更好的人际关系网。即便是最好的人际关系，也需要继续成长。事实上，最好的那些人际关系总是在不断成长——那就是它们那么棒的原因之一。如果你的人际关系没有进步，那它们便是在衰退消亡。而当人际关系有所成长时，你便会感到自己充满了活力。

寻找及选择未来的人际关系

　　若对未来没有憧憬，人就会灭亡。我们都听过这句话。我们的人际关系亦如此，尤其是首要人际关系。若没有愿景，那么，不管你碰到什么都会是将就。因此，你需要对你想要的人际关系有清楚明了的预期。如果这个期望对你而言有足够的吸引力，那么你就会愿意为实现它去做任何事。

　　当你寻找新的关系（或者改善现有关系）时，有三件事需要考虑：

　　1. 你想要什么？表面上看，这似乎是一个老掉牙的问题，但它很关键。写下一切你想从首要人际关系（亲密关系、密友以及其他类似关系）中得到的东西。他们都是些怎样的人？你们想要一起做什么？你希望他们从精神、身体、心灵、情绪等方面为你提供什么？这些人必须有怎样的欲望？他们的信仰、价值观、愿望、兴趣、规矩以及恐惧分别是什么？

2. 在交往当中，什么是绝对不允许的？可能会有这样一个人，他具备你所期望的一切特质，但是，如果这个人同时拥有你绝对无法接受的信念或价值观，便可能毁掉这整段关系。举个例子，假如你与某人发展出了亲密关系，对方似乎具备你想要的一切优点，但他有一个缺点，即完全不会在你需要时支持你。如果这是你无论如何都不能接受的，那么这段关系就无法长久维持。现在，列出你在人际交往中绝对不能接受的事情。

3. 为了吸引这样的人，你自己必须变成怎样的人？一旦确定了什么是你想要的，什么是你绝对不要的，你就要弄清自己必须做出怎样的改变，才能吸引这样的人成为你的朋友、恋人或其他任何你所追求的关系。你是不是必须更多地聆听他人的话？你是不是必须让身材变得更好？你是不是必须学会如何更好地与人沟通？写下你人生中必须改变的事项，来吸引这些新的人际关系。

一旦你写完了以上三个问题的答卷，每天都要把你的答案拿出来看一看。自己寻求的是什么？想要避免的是什么？为了想要的结果你又必须让自己改变什么？明白这几点是十分重要的。

让热诚的人际关系
持续运转

共性让人际关系正常运转，差异性则使得人际关系激动人心、充满激情。共性和差异性都能让热诚的人际关系长期运转，二者你都需要。

有些时候，人们进入某种关系，完全是因为吸引力。异性相吸，而这种吸引力很大程度是源于初始印象；因为他人与自己不同而被吸引是稀松平常的事情。不幸的是，只有这种吸引力，关系是不会长久的。随着时间推移，差异太大可能会让人恼火、沮丧，带来麻烦。而且，正如我们之前提到的，从长远来看，价值观、信仰和个人需求等方面的差异可能会彻底摧毁一段关系。

反过来，与某人有许多相似之处听上去很美，然而，如果有太多相同点，一切就会变得很无趣。两人完全一样，就缺了那些让这段关系充满激情的多样性。多数情况下，一段关系的破裂是因为，两人没有作为一个团队合作，而是互相成为了对方的附庸，成为了碍事挡道的累赘。

最好的关系是共性和差异性的良性组合。一方面你全盘接受那些相同点，另一方面你又学会了尊重差异性，并乐在其中。这样你才会明白，要维持长久而有意义的人际关系，确定性和多样性两者都要兼顾。

绝佳关系中的八大要素

有意义的人际关系包含八个主要元素，想要发展和改善一段关系，少不了这八大要素的滋润：爱、信任、诚实、关怀、支持、专注、可靠、理解。以下八个小节将分别讨论这些要素。

1.爱

不喜欢一个人的某些方面，却又彻头彻尾地爱着他，这样的事情也有可能发生。你的首要人际关系需要无尽的爱。如果你真的爱某人，你愿意为他做什么？任何事情！你应该为你爱的人竭尽所能、不遗余力。你就是这样巩固加强自己的人际关系的。

此外，"被爱"和"被需要"是不同的。你应该努力去了解你爱的人们所需要的。而你首要人际关系中的那些人对你也应该一样。如果他们不是这样，那你就要问自己，这个人是否还值得留在你的首要人际关系中，是否值你为这段关系付出的时间。

极简主义 Live a Meaningful Life Minimalism

2.信任

当你完全信任某人时，你便是坦率的——展现出真正的自己——这样才能培养最亲密的关系。在信任的基础上会产生更多的信任，而这将鼓励双方都习惯于诚实。

3.诚实

撒谎就是在别人期望诚恳交流时故意误导他们。有时人们觉得撒谎会让事情轻松一些，但无论什么情况，不管这个谎撒得大还是小，撒谎就是错误的，会损害你的人际关系。

"诚实是我们送给他人的礼物。它也是力量之源，使事情变得单纯。"萨姆·哈里斯（Sam Harris）博士在他的著作《说谎》中这样写道。他继续声明："不管在怎样的环境下，明白自己想要说真话，都会使我们不需要刻意去准备什么，只要做真正的自己就好。"

因此，诚实不仅有利于你的人际关系，从长期角度看，也会让事情变得更为单纯。如果一段关系不是建立在诚实基础上，那么这段关系就不值得维系。

4.关怀

这是信任的另一面。关怀是最为积极的要素——它是你为人际关系做出贡献的终极方式。关怀意味着你非常在意某人，而你一贯的行动足以表达这份心意。因此，"关怀"是一个动词：你通过行动向某人表达关心。

你可以称其为同感，也可以称其为共鸣，还可以称其为钦慕——不管你怎么称呼它，我们都会重视那些真诚地关心我们的感受、我们的生活的人。因此，我们也必须付出相应的行动。

5.支持

最稳固的关系都是互相支持的。你不仅要关心对方，还要在他们激动万分时真诚地为他们感到激动，在他们欢天喜地时真心地为他们感到高兴，用你自身的成长去激励他们进步，反过来又会促进你一同成长。

6.专注

我们经常谈到（尤其是在我们的网站上）当下的重要性，活在当下的重要性（见minimalists.com/be）。相伴就需要专注和集中注意力。

对首要人际关系来说，这一点尤其适用。如果一些人的重要性足以使其居于你人际关系网的顶端，那么就值得你在与他们来往时专心致志。不要打电话。不要聊语音。不要发短信。不要用余光看电视。你眼前这些人非常重要，他们也应得到相应的重视。坚持听完他们的每一句话。当你全心全意与他们交往时，你会为他们的反应而感到惊喜。

7.可靠

现在，回想一个让你尊敬的诚实、率真、正直的人。你认识几个这样的人，对吧？从他们之中选一位，然后想一想他的事情。

他让你感到真实、诚恳、可信。在这个人身边，了解他，与他来往，这一切都让你感到神清气爽。我们在可靠的人身边会有安全感，仿佛可以向他们揭示我们内心深处最不为人知的秘密，仿佛能够为一切事情信任他们。

而当我们更深入地去了解这些人，并与他们建立联系时，会发现，他们就是我们想象的那种可靠的人，这让我们振奋起来。

可靠的人没有不良居心，却有着自己的抱负。可靠的人值得信赖，然而，他们也会有不足。可靠的人棒极了，然而，他们有时候又过于草率。可靠的人关心你、愿意听你说话，然而，他们有时候又什么都听不进去。可靠的人禁得起狂风暴雨，然而，他们也会被雨淋湿。

可靠的人充满激情、心安理得、无忧无虑、冷静沉着、和蔼宽厚而又乐于助人——然而，可靠的人也是人，因此，他们也会忧虑，疑惑，犯错，也会做出错误的决定。

可靠的人容易犯错。可靠的人也有瑕疵。可靠的人也会令人害怕。可靠的人还会被欲望和贪婪诱惑——被这个世界的各种虚荣所诱惑。

没有人是完美的，但我们都有能力变得可靠，摒弃我们的虚伪，成为真实的自己，而不是我们"应该"成为的样子。

8.理解

最后这一个要素或许是最为错综复杂的，因为要真正理解他人是极其困难的。因此，这一节我们提供一些帮你理解他人的秘诀。

争执是滋生不满的温床。然而很多争执，尤其是与我们所爱的人之间的争执，则单纯源于误解的小题大做。为了逃离误解的旋涡——让双方最终都能满意——我们必须避免冲动行事，而要设法度过理解的四阶段：

（1）**容忍**。容忍是一种软弱的美德，但至少是一个良好的开端。如果某人的行为看上去令人烦恼，最好的做法是避免下意识地争斗，容忍这些差异。举个例子，假如你是一个有追求的极简主义者，而你的伴侣则是一个热情的收藏家——这是很明显的理念分歧。你的伴侣认为瓷制雕像和古典吉他是他/她挖掘到的宝贝，而你认为那不过是一堆乱糟糟的东西。于是你挠着脑袋离开，想知道如何才能让他/她接受你那无比正确的观点。这种事可以让人沮丧到思维麻木。然而，不要担心，你并不需要立即和对方达成共识。你只需要明白你们是因为分别有各自的理由，才会产生分歧。容忍他人的怪癖，允许他们抱着自己的世界观快乐地生活，这样，虽然你未必能理解他们对那些吓人的小雕像或无法演奏的乐器的痴迷，但至少走在理解对方的正确方向上——这便是最初的那一大步。

（2）**接受**。要真正与他人达成一致，我们就必须迅速跨过容忍阶段，进入接受阶段。一旦你努力地去容忍对方的怪癖，那么，他们那些最初看上去十分愚蠢的信念便会显得更有意义——不是对你有意义，而是对你关心的人有意义。一旦意识到伴侣的那些收藏品对他们而言另有含意，你就更容易接纳，因为这也是他们的一部分。虽然你可能不喜欢某人的一些举止，但你却依旧爱着那个人，包括他/她的小缺点和其他一切。

（3）**尊重**。要接受——不只是容忍，而是真正地接受——某人的怪癖是很难的，相比之下，因为某人的怪癖而去尊重他则更具挑战性。想一想：你用了好多年才让自己符合现在的信条，所以期待其他人一夜之间就达到同样的标准是不现实的，不管你的反驳多么有说服力。好了，结果就是，你或许永远都不会收藏雕塑或吉他，但你的不少信念，对他人而言也同样荒谬可笑。然而，就算其他人不认同你，不理解你的立场，你也想让他们尊重你的信仰，对吧？所以，为什么不把同样的尊重给予你爱的那些人呢？只有这样，你才会继续向着理解前行，才会开始意识到你的世界观并不是每个人都必须遵守的唯一真理。诚然，拥有整洁的家是很好的，但与你尊重的人共度此生就更好了。

（4）**欣赏**。尊重已退至你的后视镜中，而理解刚好在身后的路口。让我们继续之前的例子，假如你的伴侣从他/她的收藏中得到了莫大的快乐。你为什么想改变这件事？你希望他/她快乐，对不对？那么，如果他/她的收藏让他/她对生活心满意足，而你又真心在乎对方，那么他/她的收藏也应该给你的生活带来欢愉，因为快乐是会传染的。但只有走出了争执，通过了容忍、接受、尊重阶段，你才会真诚地欣赏他人的心愿、价值观和信念。很多人通过不同的路线向着幸福行驶，即使我们的路线不同，有一点却是很重要的，即我们都要欣赏这段旅程——不仅限于我们自己的，也要欣赏我们所爱的每一个人的。当我们欣赏对方是因为他们本身的样子、而非我们所希望的模样时，我们才能真正地达成理解。

所以，当你再次走在人生岔路上时，记住T.A.R.A.：容忍（Tolerate）、接受（Accept）、尊重（Respect）和欣赏（Appreciate）。经常这样处理问题，你的人际关系就会越来越好，而你将体验到只有真正理解他人时才有的丰富经历。

这种处理方式不仅适用于重要的人，对朋友、同事以及其他任何我们想加深联系的人同样有效。当然，价值观冲突的情况不时也会发生，而你也无法欣赏一部分人，因为他们是不同的人。甚至会有某些罕见的情形，这种情况下，采取T.A.R.A.绝对是错误的：如果有人自甘堕落、自取灭亡——吸毒、犯罪、种族歧视，那么，你绝不能欣赏他们的行为。有时候就该道别、离去，转身走上其他方向。

　　最终，对他人的理解回答了关于关系的那些重要问题：他们受什么驱使？他们想要什么？他们需要什么？他们因什么而激动？他们热爱什么？他们因什么而痛苦？他们享受的是什么？他们因什么而快乐？若能够回答以上问题，你就能更好地按你的理解做好准备，满足他们的需求。如果你能满足某些人的需求，他们也能满足你的需求，那么，你就一定会拥有生气勃勃、热情洋溢、茁壮成长的良好关系。

为你的人际关系
补充养分

　　有件事要牢记在心：你必须想方设法、坚持不懈地为首要人际关系日日补充营养。它们太重要，无法忽视。如果你集中精力于以上八类要素，就能把你的人际关系加强到你自己都无法想象的程度。诚然，这需要相当多的辛劳、精力和时间，但意义充实的人际关系值得你为它们付出一切努力。

附加阅读材料：人际关系

· 《再见了，假朋友》：minimalists.com/fake

· 《放手人际关系》：minimalists.com/relationships

· 《准备好离开》：minimalists.com/walk-away

极简主义 Live a Meaningful Life Minimalism

在山上

乔舒亚·菲尔茨·米尔本

去年二月我顿悟了一件事（虽然只是个小感触）。当时，我坐在一家咖啡馆里，撰写小说片段。不知怎的，写着写着就变成一篇长达四十七页的关于我生活的日记，而不是小说片段了。

有一个主题在这堆稿子中反复出现：活在当下。或者说，享受当下。这就是罗布·贝尔（Rob Bell）所指的"在山上"。如果你知道罗布·贝尔是什么人——他又酷又时尚，是个新时代基督徒——你会很乐意跟这样的家伙一起喝咖啡聊天的（不管你的宗教信仰是什么）。我不是个虔诚信徒，但我欣赏他的观点。

罗布给我讲了一个摩西前往山顶之旅的故事。为了冲淡宗教和历史要素，我将在下文中省略多数细节。在这个故事中，上帝令摩西行至山巅。接下来，上帝下了一道看上去似乎多此一举的命令，让摩西"在山上"。

对于这个命令，我猜摩西的反应大概是："呃，是的，您第一次说的我听见了。您已经说过让我去山顶了。"摩西没有立刻抓到要点。上帝并不想让摩西刚登到山顶就开始想下一步要做什么，不想让摩西这就开始发愁该如何下山，或担心出门前关没关灯，抑或是为了这周要付的账单烦恼。上帝只是想让摩西在山上，享受这一刻。

这个故事的寓意？享受当下。

怎么做？不要把时间耗费在没完没了的计划未来上。

或是没完没了的担忧烦恼中。

抑或是没完没了的其他任何事里。

而要享受当下。

留意你的那些努力成就了什么。

毕竟，它们使你行至山顶。

在山上。

就在那儿。

这就是我想要的。我全心全意地待在山上，享受人生。

这并不意味着我就不提前计划了。我只是更喜欢计划的过程。这并不意味着我工作就不努力，我只是喜欢努力工作这件事，无论写作还是指导他人。

如果你做的事情是你不喜欢的呢？或者更糟，是你深恶痛绝的呢？问问你自己，要怎样才能做好它，喜欢它？要得出一个更好的答案，就只能问一个更好的问题。所以，问问你自己，怎样才能乐在其中？这样你就能得出更好的结果了。

我享受了过程，就会得到更好的结果。身体更健康，人际关系更和睦，成长更显著，贡献更杰出，生活更美好。

不要被过去束缚，不要为未来烦恼，只要在山上就好。

断掉互联网是我做过的最有生产力的事情

乔舒亚·菲尔茨·米尔本

今年早些时候，我清醒地做出决定，把公寓里的全部网络服务都取消了。这是我做过的最具生产力的决定。

为什么要断掉互联网？

我为什么断掉了家里的网络？

好吧，主要原因是：我觉得比起花时间上网，我可以做更有意义的事——例如写作、锻炼、为他人做贡献、建立新联系，以及加深已有关系。

这并不意味着互联网就是邪恶、糟糕或错误的（显然，它不是）。互联网是一件神奇的工具，让我的生活变得更好。此外，我认为偶尔观看搞笑视频、花时间刷脸书或发推特是没问题的（尤其是当你在推特上关注了我的账号时）。

互联网本身并不坏，就像糖果本身并不坏一样。但如果全部饮

极简主义 Live a Meaningful Life Minimalism

食只由糖果组成，你很快就会长胖生病。因此，我不会在家里囤几袋糖果，正如我不再在家里留着网络一样。

如何断掉互联网

但你经营着一家大受欢迎的网站，你家里怎么可能没有网络呢？

我多次被问及这个问题。人们发现我家里没网络时确实震惊了。

但我的回答很简单：我为自己怎么使用网络做好了规划。我并不是严守时间表地来做这件事——"好的，我下周四下午两点到四点上推特。"而是，如果我看到什么想在网上看的东西，就会把它（在手机上）记录下来，然后在我能上网的时候查看那个列表（请看下文中的补充技巧）。

现在，我如果想上网就必须离开家。我会去图书馆、咖啡店或其他有免费公共无线网的地方，点一杯咖啡或一些吃的，在那里完成我需要在网上做的全部事情（发布文章、检查邮件、阅读博客、浏览网站等）。此外，由于离开了家，周边有一圈人，我还可以借此认识更多人。我已经通过这种方式认识了好几个新朋友（意外收获！）。

但我不能，我需要网络！

我知道你在想什么，现在让我指出来。你在想：但你是个作家，乔舒亚，那就是为什么这对你来说讲得通！

你还在想：我需要网络来写作业、干活、用网飞（Netflix，可通过网络提供视频服务）、在线约会、打游戏、更新脸书状态、玩开心农场、在易趣上刷我不需要的垃圾、偷窥高中时的男朋友等。

但你不需要！是时候看着镜子，诚实地面对你自己了。

真的，你家中不需要有网络。自从断了网，我的生活变得更美好了。以前浪费掉的时间又变成我自己的了。我再也不会浑浑噩噩地去看网络视频、电影预告或什么搞笑的图片了。

现在，当我上网时，只有一个目的——这是我用以强化人生的工具。的确，有时候我也会去看搞笑视频，或上Damn You Auto Correct网站找乐子，但我就是带着干傻事的目的去上网的，从那些傻事中，我有时也会得到有价值的东西（例如开怀大笑）。

现在，只要是在上网，我都会有意识地使用网络，这令我受益匪浅，为我的人生增添了价值。

家中无网的好处

我取消了家里的网络，主要是为了专心写作，免受打扰。但自从我断了网，我还发现了很多额外的好处：

极简主义 Live a Meaningful Life Minimalism

- 家里更安宁了，就像神殿一样。

- 我利用自己的时间做了更多有意义的事情。

- 我有更多时间用于阅读。

- 我有更多时间用于写作。

- 我有更多时间用于思考。

- 我有更多时间跟朋友沟通。

- 我有更多时间用于锻炼。

- 我有更多时间用于散步。

- 我不那么容易分心了。

- 我不那么紧张了。

- 我的思维更加清晰，更加完整了。

- 我不再像以前那样渴求网络了。

- 我不用再交网费了，这替我省了钱。

更有意识地使用网络的小诀窍

我这里有一些小诀窍，能帮你更有意识、更有效地使用互联网（我就是这么做的）：

- 每周检查邮箱两到三次（或不多于每天一次）。

- 用你的手机更新/检查推特和脸书。

- 运用推特的"喜欢"功能做标记，日后再看。

·用你的手机发送短小的电子邮件。

·列表记录你想在网上干什么（看视频、听歌、阅读等）。

·通过电子邮件订阅你最喜欢的网站和博客，这样它们就会直接进入你的收件箱。

每周给自己一两小时在网上闲逛（把它当作甜头）。

试验（放手去做！）

你或许依旧在想：那对你来说很好，乔舒亚，但我永远都不能这么做！

对此，我要说：不用断你的网，你可以用下面的方法来替代：

试着这么做三十天。把你的调制解调器拿出屋子，放在工作地点，放在朋友家，让它远离你家三十天，确保你没法用到它。

你最初会感到痛苦。你会想上网做些蠢事，却没法做到。接着你会想上网做些"重要"的事，但你同样没法做到。这就像戒烟一样，你会渴求上网，而想摆脱这种渴求需要一些时间（因此我建议至少三十天）。

你会感到沮丧，有时候非常沮丧，但你会活下去；没了它你的生活会更美好，你将能够做更多有意义的事情，排解你生活中的一些不满。

试一试吧！你有什么可失去的？

极简主义 Live a Meaningful Life Minimalism

我为什么没有电视

乔舒亚·菲尔茨·米尔本

什么？你没有电视？为什么？

这是我近来经常被问到的问题。答案很简单：因为我会去看。老是看。

我真的很享受看电视。看电视很容易。这是个被动接受的过程。不时会有好看的节目。而且我还不需要干什么活（除非你把按遥控器上的按键看作干活）。但是，我能够为自己的人生做的，还有其他那么多重要的事情。

成本和收益

成本远远超过了收益……

1.金钱

当然，跟电视联系在一起的有金钱成本。

买电视本身就要花高达数千美元。我知道有个家伙家里有八台平板电视。那可是一大笔钱。

每个月还有有线电视或卫星电视的费用（外加其他小额费用，如机顶盒、录像机、高清服务、收费频道等）。

租赁或购买DVD或蓝光碟也有开销，而它们之中有很多我们都不会看。我敢打赌你干过这种事：租了一张DVD，一周后回来还这张压根就没看过的碟片。没关系。我们以前都干过这种事。诀窍在于停止继续这么做。

还有那些我们自以为需要的所有高档辅助装置：环绕立体声音响（我知道有个家伙买了四千美元的音响）、多碟DVD播放器、蓝光播放器，更别说电子游戏了，那是个完全不同（同样麻烦）的故事（我认识每天玩电子游戏时间超过五小时的成年男人）。

而我们花在电视上的成本远远不止金钱……

2.时间

看电视抢走了我们的时间，我们最宝贵的资产。即使有了网络，人们平均每天观看电视的时间也超过五小时。每周就是三十五小时。那可是看了好多电视。

如果你不要电视，就可以找回这些时间。我们马上就会谈到你能拿这段刚找到的自由时间干什么。

3.注意力

这一条与时间有着紧密联系。电视抢走了我们的注意力。有时

极简主义　Live a Meaningful Life　Minimalism

我们认为,如果在看电视的同时还在做别的事情——叠衣服、用电脑等,那便是在"执行多重任务"。但是我们内心深处明白:这并不是真的。我们知道电视会令我们分心,不能专注于手中的事,而这会导致以下两种可能:

· 完成任务所需要的时间变长了(电视抢走了我们更多的时间)。

· 完成任务的质量变差了(你有没有试着在看电视的同时写东西——文章、电子邮件、工作任务,并注意到写出来的东西没有平时好?)

所以我们不能同时将自己的注意力集中在好几件事情上,还指望成品的质量与从前一样好。

4.认知

认知是最宝贵的一种自由。我们应该珍惜它。但电视却常常让我们无视自己身边的世界。也正因如此,电视以一种迂回形式抢走了我们的自由。

5.人际关系

如果你在看电视——尤其是自己一个人看电视,那便是在夺走你与他人交往的时间。这时间本可以用来以更有意义的方式去为他人做贡献,给他人的人生增添价值。

6.创造力

如果我们在持续消费，那我们便没有在创造。因此，电视拥有抢走我们创造力的能力。

7.替代解决方案

我并不是在说你必须扔掉自己的电视来当极简主义者。你无须这么做。但你确实有一些选项：

· 在我们的极简主义之旅中瑞安取消了他的有线电视服务。他处理掉全部的DVD和电子游戏，但保留了他的电视。我们依旧不时用那台电视看电影，这又引发了另一条——

· 如果你像我在2009年时那样处理掉了自己的电视，你仍然可以安排时间和他人一起看电视。我不常这么做，但如果我想看什么节目，就会在其他人家里看（包括电影），我们也可以就看到的内容展开讨论。这样有计划地观影便没有那么消极，还能帮助你建立和加强人际关系，而不是使你孤立于人群。

· 你可以把电视移出卧室。

· 你可以把看电视的时间限制为每周只有一天。定好时间，不要偏离日程安排。

· 如果你想一点一点改变，那么，让电视关闭一周。拔下电源线，如果可以的话，把电视放在你看不到的地方。或者用一张单子把它盖住，确保你一周之内不会开启它。

极简主义 Live a Meaningful Life Minimalism

没有电视让人
获得了自由。

自由时间做什么

所以，如果离开了电视（或者显著减少了看电视的时间），你要用这些换来的时间做什么呢？

你想做什么就做什么。

没有电视让人获得了自由。电视从我们的生活中吸走了那么多东西。它带走了我们的金钱、时间、注意力、认知、自由、人际关系与创造力，给我们的回报只是一点点消遣，及一时半刻的安慰。对很多人来说，它是首选的麻醉剂。

倘若你决定舍弃你的电视，那么你或许便能——

花些时间整理、精简你的住宅。

创造点什么。

锻炼。

为了实现梦想而努力。

做某些很棒的事情。

做某些不可能的事情。

抑或只是过着更有意义的生活。

极简主义　Live a Meaningful Life　Minimalism

Chapter 4

第四章

热情

培养热情的重要性

培养热情是五大价值中最重要的。不信吗？让我们来证明它。

想象一下，如果你彩票中奖了，获得了有生以来最佳的身材，找到了你的灵魂伴侣，建立了最有意义的人际关系，还清了债务，搬进了理想的房子（当然是在海边），而且从此以后再也不用工作了。

现在再想象一下，如果你明天、后天、大后天醒来，却无所事事。没有任何事能让你激动，没有任何事能让你感兴趣。啊，真恐怖。你只能通过看电视剧或度假来打发时间。用不了多久，你就会意识到自己对人生失去了热情。如果你的人生中缺乏热情，你就不会感到充实。这就是许多人产生空虚感的根源。

你如何称呼自己的
工作

回到现实世界。让我们来看一看你普通的一天。你是怎么过的？你是典型的朝九晚五上班族吗？还是在家陪着孩子们？或者经营着自己的生意？

不管你是做什么的，有时候，你对所做之事的喜欢程度可以从你对工作的称呼上看出来。人们一般会用职业、事业或使命三者之一来称呼自己的工作。当你谈到自己的工作时，会用哪个词？你有职业吗？你有事业吗？还是说，你是那种少见的会把工作称为使命的人？

可能你有一个职业——例行公事的那种。或者，你可能目前处于无业状态，正在找工作。工作在我们的社会文化中是必须的，神话般的美国梦告诉我们这就是"应该"做的。我们被教育着要在高中非常努力地学习，然后再在大学非常努力地学习，做着我们并不关心的事情，这样就能找到一份"好工作"，一份有着可观收入、固定福利甚至养老金计划的工作。然后，我们就应该四十年如一日地干那份粉碎灵魂的工作，为了有朝一日能够退休，享受几年人生（保险精算研究显示，人们退休后的平均寿命只有三年）。我们被教育着累死累活地为一家没有生命的单位辛勤工作，献出最宝贵的东西（我们的时间），只为换得一张工资单。我们被教育着，这张工资单能让我们买到的东西有着极高的价值，比它们实际的价值要高得多。

真相是，我们需要金钱来生存。毫无疑问，我们都需要花钱买遮风避雨的房子、为我们提供营养的食物、保暖避寒的衣服、生病受伤时的医疗服务，以及其他各种必需品。然而，先前提到的那种循环——我们所宣扬的"美国梦"则缺乏意义。美国梦并不会让你快乐。事实上，对很多人来说，对这套理想生活的追求令人感到压抑，注定会成为赔本生意。

事业的丑陋根基

如果你每天所做的只是一份职业，那么你就很难在工作的时候感到充实和满足。就算你真的非常努力地工作，为自己建立了一份事业，那么，受限于你的工作时间表，也很难创造有意义的生活。事实上，如果你想寻找人生的意义，那么，拥有一份事业则是你所做的最危险的事情之一。

事业是危险的，因为人们把太多自己的东西都投入在事业上，把自己的身份和社会地位建立在他们事业的基础之上。

想一想：人们认识你时，最先会问的问题之一就是**"你做什么"**。表面上看，这个问题很单纯，不是吗？然而言外之意却不是这样。虽然**"你做什么"**这个问题本身所指的范围十分宽泛，可以包含上千种事情（我在食物施舍站当志愿者，我在沃尔玛工作，我喜欢在周末钓鱼，我每周锻炼五次，我喝水等），但这句话暗含的问题是**"你以什么谋生"**或**"你在哪里工作"**，而这与**"你做什么"**这个问题本身差别巨大。这个"单纯"的问题实际上是在说，我会通过你挣钱的方式来评判你，也会根据你的职业为你分配特定的社会地位。

人们频频被要求回答这一问题，因此便扎根在自己的事业中：他们把事业作为自己的核心身份，因而给自己的事业赋予的社会价值也远超实际。一旦某人以事业作为对自己的定位，那么他就很难摆脱这种身份，哪怕他实际上痛恨他的事业（"我并不想在这儿工作，但这就是我的身份！"）。

谢天谢地，要回答**"你做什么"**这个问题，还有更好的方法。我们发现，人们程序化地想都不想就问这个问题。这跟问**"你还好吗"**没什么差别。因此，所能采取的最佳方法就是让对方认真思考他们刚刚提出的这个不过脑子的问题。我们通常喜欢以另一个问题作答，例如，"那是个很宽泛的问题。你想问什么？"或者"那可是个很宽泛的问题，或许我们可以边喝咖啡边讨论。"还有一种回答方式是说出你热衷什么，而不是信口开河地谈论你的职业。因此，不要说"我是一名运营总监"，而是说"我爱写作（或者做剪贴簿、攀岩，你热爱的任何东西）"。最好能在那之后跟着问一句："你所热衷的又是什么？"这样就把讨论的话题从"你们两人都做什么"变成了"你们两人都热衷于什么"，而后者则有趣得多。

这样的回答会立刻使对方重新考虑这个问题，同时也帮你记住，你的身份远不止你的事业。你是一位母亲，一位父亲，一个姐姐/妹妹，一个哥哥/弟弟，一位配偶，一个爱人，一个健康的人，一个正在成长的人，一个做出贡献的人，一个热情澎湃、过着有意义的生活的人。你的事业不代表你的身份。

通过改变自己对这个问题的思考过程，可以挖掘出每种事业都具备的潜在危害。久而久之，你便可以不再将个人身份限制于事业，而是将它摆在你人生的正确位置。你的身份应该源于有意义的生活，而不在于你如何挣得工资。

乔舒亚和瑞安的兴趣

　　不管你是一直密切关注我们的网站，还是刚刚通过这本书接触到我们的作品，你现在都已经知道我们的故事了。我们以前在企业工作，有着好听的头衔和可观的薪水。这表明我们都曾拥有事业。你会想，我们整天专注于事业，而非履行人生使命，到底有多少热情在其中？

　　诚然，我们工作得很努力，每周花七十小时甚至更多时间上班。我们也很享受工作中的某些方面。而且，我们年纪轻轻，连大学本科学历都没有，就能拥有这样"好"的事业，我们常常因此而感到幸运。但是，归根结底，我们对自己只是为谋生而做事感到不满。我们没有履行自己的人生使命。

　　我们没有从事业中感到满足，转而求助于这个社会的主流生活理念：我们买了很多东西，花了太多的钱，当月光族，想在我们能找到的每一个大商场、每一次奢华度假中购买幸福。没有培养兴趣，没有寻求自身使命，我们只是在用一时的放纵来安慰自己，而这样带来的兴奋感在付账之后却无法长久维持。

最终，我们发现了我们的兴趣，我们的使命，它们在消费的海洋对岸等待着我们。但是，我们必须首先扔掉许多将我们固定住的锚，这样才能驶向更清澈的水域。

乔舒亚热爱写作。瑞安对指导他人充满热情。发现了热爱的事物后，我们在两年之内就让其成为了自己的使命。

兴趣和使命的汇合

注意，我们并不认同"为企业工作就是不幸的坏事"这样的观念。

我们也不认为你就"应当"为某样事物充满热情，或是必须遵从某种"召唤"。

我们的意思是，你可以对任何东西抱有兴趣，任何行业都可以成为你的使命。有些事在一些人看来很无趣，并不意味着它不会让另一些人激动万分、有所收获。有人可能对记账抱有浓浓的兴趣，就如另一些人热爱骑马一样，这么想也是完全合理的。也许这两件事对我们来说都没什么可兴奋的，但这不意味着世界上就没有其他热爱这两样活动的人。

有时，人们在无意之中卷入某种工作，而这却给他们带来了终极的满足感。这些被聘请去做他们热爱之事的人更愿意把他们的工作称为使命。你是那样的人吗？如果是，那么恭喜你——你是少数享有这种待遇的人之一。

本章余下的部分会帮你寻找和培养自己的兴趣，追求自己的使命。

这种旅途对有些人来说是很容易的。他们已经知道自己热爱的是什么了，只不过，或许还未开始将兴趣当作全职使命。

相反，对另一些人而言，这个过程有时候是最困难的一步。他们不知道自己想做什么，不知道自己对什么有热情，对自己的使命毫无头绪。

不管你属于哪一种，我们都会帮你找出把你定在原地、令你无法找到和培养热情的阻碍。

对充满热情的人的误解

有一种常见的误解是，那些对所做之事充满热情的人都天性如此。这毫无逻辑，与事实完全相反。

绝大多数情况下，热爱工作的人与对工作毫无热情的人都是类似的。有些时候，热爱工作的人同样不想离开被窝，同样不想处理突然出现在他们面前的新项目。而在其他时候，他们会跳下床，兴奋万分，被自己的使命激励着。

换句话说，充满热情的人就像你一样。

热情会引发更多的热情。

然而，有两个显著差异，将充满热情的人和没精打采的人区分开来。

首先，充满热情的人知道他们热爱的是什么。这句话或许是显而易见的。然而，实话实说，没有人会只对一件事有兴趣。乔舒亚不只热爱写作，还对许多具有创造性的工作充满热情。同样，瑞安不只有指导他人这一项爱好，他还热爱单板滑雪、冲浪、滑板以及几乎一切带板的东西。充满热情的人知道他们最热爱的是什么，也知道他们还爱着什么。他们知道什么使他们兴奋、有活力，什么使他们进入巅峰状态。

其次，热情会引发更多的热情。 充满热情的人会在无精打采的时候转而求助于他们热爱的事物。在不想起床或开启新项目的日子里，充满热情的人会专心去做让他们兴奋的事情。举个例子，好几次，我们都觉得创作这本书的过程单调乏味，尤其是编写最初几版底稿时。我们没有坐等某个充满热情的活动突然出现，为我们提供灵感，而是选择继续在单调无趣的浑水之中艰难跋涉，在此期间我们始终留意着我们热爱的事物。事实上，我们的热情有如灯塔，枯燥的阻碍过后，我们终于能够坚持专注于重要之物。在本书的最后一版手稿临近完成时，我们都为自己的创作感到兴奋，为它对于读者的意义而感到兴奋。

利用你所热爱的事物集中精神，为自己补充更多热情，这对寻找使命而言非常关键。但首先，你必须发现你热爱的是什么。

移除枷锁，寻找热情

寻找热情往往是困难的，因为我们很容易被日常工作困住。人们轻易接受了难以振奋、死气沉沉的循环——日复一日，年复一年。我们很容易被日常生活所束缚，而要挣脱枷锁、获得自由则困难得多。

结果，我们发现，生活中主要有四道枷锁，让我们无法寻找热情，它们分别是身份、地位、确定性和金钱。

移除身份的枷锁

你是什么人？你考虑过这个问题吗？表面上看，这个问题非常简单，但事实上，这是一个非常重要的问题，也是一个难以回答的问题。出于这个问题的复杂性，我们通常以我们的职业来作答：我是一名教师，我是一名会计师，我是一名全职母亲。然而这些回答对于不同的问题也同样适用（"你是做什么的？"或者"你大多数时间都在干什么？"），而我们为这些头衔、标签赋予了太多意义，用它们来表示"我就是一个这样的人"，这就成了问题。

一旦将你的职业认定为"你是什么人"这一问题的答案，你就很难做其他事情。这就是人们在换工作时总是待在同一行业内的原因之一（我作为销售经理在ABC纸业公司工作时并不快乐，但我敢打赌我在XYZ纸业公司当销售经理就会变得快乐了！）。人们受限于职业等同于身份的想法，便难以意识到自己远不止于此——其实他们自己在很多方面都非常出色。

当你受限于这样的身份认同时，就很难意识到你是怎样的人。这不取决于你的工作，你的物品，你的债务，也不取决于你的工资——你远不止于此。你是一个兄弟，一个父亲，一个母亲，一个姐妹，一个爱人，一个伴侣，一个朋友，一个创造者，一个贡献者，一个能做那么多事情的人。

对我们俩来说，这就意味着积极地用更多有意义的身份来证明自己，而不是受限于那些主管或经理之类的头衔。因此，我们需要公开以导师、领导人、贡献者、极简主义者这些更有意义的身份自居。

你有什么有意义的特质，可以用来确立自己的身份？一旦摆脱了身份的束缚，你就能清空前行的道路，摆脱其他的枷锁。

你有什么有意义的特质，

可以用来确立自己的身份？

移除地位的枷锁

　　随着人们职位的升高，任期的加长，对工作和事业越来越熟悉、安心，就很容易产生一种奇怪的现象：他们把地位和职业联系起来，比其他任何事物都紧密。他们认为事业使他们变得重要、引人注目。也正因如此，很多人在失去工作时感到羞耻、窘迫、缺乏价值，甚至会变得抑郁。的确，他们也为金钱担忧，发愁以后该如何谋生，但在最初对于金钱的恐慌平息之后，他们便觉得没有工作，自己就没有了意义和价值。这是因为，人们往往会给不那么重要的东西赋予太多的意义。

　　如果陷入了这种掌控，你就难以看到生命中其他远比职业重要的方面（例如本书阐述的五种价值——健康、人际关系、热情、成长和奉献——就比职业重要得多）。人们往往将社会地位与工作紧密相连，因为这是当下最容易掌控的事情。也就是说，如果你工作够努力（即便那是一份你痛恨的工作），就会获得一时的满足（奖项、报酬、老板的赞誉、大家的认同、朋友的赞许、同事的嫉妒与谄媚、能感受到的权利、额外的责任，诸如此类），以及长期的满足（加薪、奖金、委任、升迁、激励、额外福利等）。

不幸的是，与工作方面短期的努力相比，生活中许多重要的事情掌控起来却难得多，而且也不会像工作那样带来即时满足。从社会层面来说，你被设定为希望（甚至期盼着）获得即时的结果。此外，这些社会需求对事业和财务状况的强调也远远多于其他一切。

举个例子，比如提到全职爸爸，你的第一反应是什么？很有可能是 **"那肯定好极了！""他真是幸运！"**，或者**"他这么做可不像一个真爷们！""他真懒！"** 诸如此类的想法。但是，认识称职的全职爸爸的人就会知道，这些评价离真实情况差了十万八千里。相反，当提到一个首席执行官时，你可能会认为**"他很有钱！"**，或者**"他有好多权力！"**，又或**"他一定是非常努力地工作才会走到那个位置的！"** 其实这些也不一定是实际情况。这是一种难以摆脱的成见。

要避开地位的负面影响以及随之而来的成见，最好的办法是"调低音量"。对我们俩来说，这意味着不把工作看得像其他人想

极简主义 Live a Meaningful Life Minimalism

的那么重，并让他们看到为什么应该更信任我们的新身份，它由我们所做的一切决定，而非仅限于事业。

　　一旦你接受了这种更为积极的地位观，就容易接受更加多样化的人生，接受更多的不确定性，也就能摆脱一部分束缚。

移除确定性的枷锁

确定性是个奇怪的东西。每个人都需要一定的确定性来保障生存。你必须确保你的天花板不会在你睡觉时坍塌，必须确保你的饮用水没有毒，必须确保朝你驶来的那辆车不会突然跨过黄线开进你那条道。

但是，在满足了最基本的安全需求后，人们所需要的确定性则因人而异，不同的人有着极大的差别。多数人需要大量的确定性来保证安全，而另一些人（例如职业跳伞运动员和赛车手）在日常生活中则只需要极少量的确定性。后者能够轻易地除去确定性带来的枷锁，而前者则需要克服惯性，走出舒适区，这样才能将削弱他们力量的枷锁移除掉。

确定性让人感觉良好，使你感到舒适和温暖，但有时它是你不想做出改变的最大潜在原因。也就是说，如果你对现状不满意，但又觉得足够舒适，不想为某些可能会让明天不那么舒适的东西牺牲掉你今天的舒适感，因此你不去做出改变。

换句话说，你觉得改变能带给你的更多是痛苦，而不是愉悦。幸运的是，有两种方法可以改变这种思维方式，让你摆脱确定性带来的束缚，改变你的人生。

首先，你可以把更多的痛苦与不做改变联系起来。考虑自己人生的潜在损失——没能完成你真正想做的事情，没能追寻你所热爱的事物，辜负了人生的使命。现实是，后悔所带来的长久痛苦远远超过了确定性带给你的一时欢愉。

其次，你可以把更多的快乐与追逐热情、完成使命的长远成就感联系起来。

不管采取哪一种方法（或二者的结合）都能提供你所需要的动力。

对我们来说，则有两条不同的路线：乔舒亚没有提前计划，便做出了巨大改变。他认定以无法寻找激情的痛苦为代价去换得那份工作带来的确定性是不值得的。相反，瑞安慢慢地消除了对企业的喜爱，将越来越多的欢愉与追求梦想联系起来。

移除金钱的枷锁

归纳起来，金钱也不过是另一层面的确定性。但它还是值得我们单独列为另一种枷锁的——由于它在那么多人心中根深蒂固，由于我们的社会文化将它看得如此重要，由于它是许多人继续做着不喜欢的事情的头号原因。"我必须付清这张账单！"是一个蹩脚的借口。当然，你需要谋生，但你也可以在追求爱好的同时做到这一点。

要摆脱金钱的枷锁，最好的办法就是不要那么看重金钱。我们做到了这一点，通过制订、展开一套分为五步的具体计划，重新获得了对财务的掌控。

金钱使家庭分裂，使婚姻破碎，使人们无法追逐梦想。金钱的麻烦为日常生活注入了不必要的压力、焦虑和争端，让我们深陷无穷无尽的不满之中无法自拔。我们似乎永远都没有足够的钱，过着月光族的生活，永远都无法进步。

但事情不该是这个样子。

我们明白了这一点。通往财务自由的过程对我们俩来说都是漫长的苦旅。就算我们曾经有着光鲜亮丽、年薪六位数的事业，我们当时却在和金钱做着斗争；我们在很长时间内都没有获得财务自由。直到一走了之、离开了那些事业（当然，此前我们精心制订了计划），我们才发现该如何走出债务，如何消除不必要的消费，如何为未来规划，如何控制我们的财务。

虽然我们都需要挣钱谋生——挣着大笔工资当然也没有什么错——但是控制你的财务所涉及的远不止获得更多收入：这关乎你对所拥有的资源能一直做出正确的决定，以及有计划地生活。没有哪件事是原本就能轻易做到的——尤其是在现如今享乐文化的席卷之下——但幸运的是，要重新找回对自己财务的控制也很"简单"。

几年以前，对金钱无穷无尽的需求压倒了我们，于是我们俩决定改变，找回对我们的财务以及人生的控制权。我们执行了以下五步行动，而今天我们也采取同样的原则，以确保我们永远都不会再与金钱做斗争。

第一步：预算。绝大多数人都不知道自己的钱花到哪儿去了——我们以为我们知道，但其实并不清楚。对那些结了婚或者与

176

最重要的人一起生活的人来说，这一点简直是双倍地正确。因此，通往财务自由的第一步就是建立书面的每月预算。注意，这里有三个关键词：书面、每月以及预算。

下面几条可作为提示：

1.分类。确认过去六个月内每月的花费，认清哪些是真正必要的，然后把你的花销分为三类，如我们文章中所概述的那样："需要、想要、喜欢"。写下全部消费项目（食物、住房、水电、保险、汽车、汽油、交通、服装、信用卡、电话、网络、宠物、娱乐等），和你的爱人或朋友一起将清单检查三遍，然后按照"需要、想要、喜欢"的分类决定哪些该优先，哪些该削减。你越严格，就能越早获得自由。

2.界限。在每月开始时确定每一块钱要花在何处。设定了这些界限，你就不用担心哪些东西能买、哪些不能买了——如果一笔钱在月初没列入消费计划，那么它就不能在这个月花掉。

3.团队合作。你的全部家庭成员，甚至包括你的孩子，都必须对这份书面预算拥有发言权。这样才能让所有人都买账。团队合作意味着把某项开支挪到另一项时（比如说，把你用来买衣服的预算划给你的娱乐活动所需）需要所有人的同意。一旦全员赞成，全员都以财务自由为己任，那么，获得你所需的动力就容易多了。

4.调整。你会在沿途犯一些错误，没关系，这也是过程的一部分。最初，你和家人每天都应该仔细检查书面预算——然后每周检查——根据情况做出调整，直到全家人都对你每月的分配感到满意。第一个月是最困难的，但到了第三个月，你就会为以前没做预算时浪费的大把金钱而咒骂自己。

5.安全。最好建立一个留有五百到一千美元的安全保障储蓄账户，以备不时之需。除非真的出现了紧急情况（修车、医药费、失去工作等），否则绝对不要碰这笔钱。即使生活狠狠地一拳打在你脸上，这份应急的钱也能让你按照预算过活。久而久之，一旦还清了债务（下文的第三步），你的安全账户就会增长至等同于几个月收入的数额。但目前，只需为最初的五百到一千美元起始资金担忧，你该把这笔钱放在一个单独的安全保障账户里，以免自己受到外界诱惑而花掉它。

第二步：为自己付钱（投资）。大多数人都听过"投资"这个词，我们又为此感到恐慌。投资看起来那么复杂，那么抽象，所以，这种事情可不是我的脑子能应付过来的。不要把它看作是**投资金钱**，而是**为未来的你付钱**。而今天，在那些在线工具的帮助下，你也不需要被吓倒——投资比有史以来任何时候都要容易。每个人都能（也都必须）做到。

我们使用了一个简单的在线投资工具，作为个人储蓄、制订计划以及投资的软件。我们用在线软件将钱放在四个分开的桶里：

安全保障应急款、退休基金、住房基金以及财富建设基金（请看 minimalists.com/retirement，了解更多我们具体的投资策略，以及我们使用的一些免费软件）。

现在是开始为未来做规划的最佳时机。不管你是在计划退休、创业、为家庭存钱、保留更多的应急钱，还是着眼于从长期角度创造财富，现在都是开始的最佳时机。不是下个星期，不是明天——是今天。就算你没有用来投资的钱，也必须设计出一个方案，开始为未来的你投资。最好的办法就是交给自动投资软件，这样一来你就不用靠猜测去投资了。未来不会待在那里等着你，从今天就开始行动。就算那只是你百分之一的收入，或者每月二十美元的投入，也要开始行动。未来的你会感谢现在的你。

第三步：免于债务。与某些专家的说法相反，世界上根本没有什么所谓的"良性债务"。让我们再说一遍（请大声地把这句话读出来）：**世界上根本没有什么所谓的"良性债务"**。有些债务比其他的债务更糟糕，但债务从来都不会是"良性"的。

除非无债一身轻，否则你就不会感到自由。借出方总是会奴役借入方。除此之外，没有车贷还款、没有信用卡还款、没有学生贷款的阴影笼罩着你的生活，这种感觉简直好极了。

在二十多岁时，我们俩都背负着巨额债务——每个人的债务都不少于一百万美元。这种感觉令人窒息，我们彻底失去了自由。

世界上根本没有什么

所谓的"良性债务"。

借出方总是会奴役借入方。

虽然世界上并没有什么灵丹妙药，但我们见过的最好的策略出自戴夫·拉姆齐（Dave Ramsey）的书《改变你一生的理财习惯》，我们利用书中的方案，制订了具体计划，剪掉了信用卡，直面我们眼前的债务。（你也可以在minimalists.com/debt阅读乔舒亚的无债生活故事。）

第四步：极简化。当然，极简主义是我们通往财务自由之路的一个关键要素。整理了生活中的混乱，我们终于能够专心致志地消除债务、改变习惯、用更少的资源做更好的决定。

我们也发现，通过简化（首先分辨哪些财产不会为我们的生活增添价值），我们能更快地还清全部债务，而这都是靠在当地（后院卖旧货、委托商店、跳蚤市场）和在网上（易趣、克雷格列表、汽车交易者）卖掉我们一半以上的东西来完成的。

不过极简主义所指的并不是剥夺——我们不希望任何人以极简主义之名过着一无所有的生活——但有时候，在我们试图让生活走上更好的方向时，剥夺那些一时的满足是有意义的。

举个例子，当我们处理债务的时候，乔舒亚卖掉了他那栋过大的房子，搬进一个小公寓。瑞安卖掉了那辆豪华的新车，然后避开月供，直接全款买了一辆十年车龄的旧车。我们都摆脱了有线电视、卫星广播以及其他关于享受的账单，这使我们每月都能省下来好几百美元。我们还做了各种"奇怪"的事情，例如快递送比萨和加班工作，或通过其他方法，在短期内增加收入，这样就能更快地还清债务。此外，我们还卖了上百样东西（电器、家具、衣服、数字光盘、书本、收藏品、工具、庭院设备）——它们都不是必需品，然后用这笔钱最终还清了债款。一切用途不明确的东西都在易趣网上找到了去处。现在我们所拥有的物品都有特定的用途，或者给我们带来了欢乐，而我们也不会想念卖掉的那些小玩意儿。

不知道如何开始极简化？请访问我们的网站minimalists.com/start，点击"从这里开始（Start Here）"，获得相关小窍门以及最佳范例。

第五步：奉献。通往自由的捷径就是感恩你已经拥有的一切。而产生感激之情的最好方法之一就是改变你的视角。

要这么做，就要献出最宝贵的资产：你的时间。把家人带到当地的食物赈济中心或流浪者收容所；辅导你所在城市那些家庭条件比较差的孩子；在仁人家园一起为低收入家庭做慈善。现在有比过去更多的资源，可以让你为他人做贡献——只要在网上搜索你所在区域当志愿者的机会就行了。

通过什么方法做贡献都可以，不需要多么冠冕堂皇——你只需要为他人的生活做出贡献。如果连续几周都这样做，你会发现，与身边的世界中的种种问题相比，你的经济问题简直微不足道。认识到这一点后，你就会觉得自己充满力量，可以大干一场，把那些相比之下并不严重的问题抛于脑后。

在短时间内（两三年的样子），你的整个人生都可以与今日截然不同。你所需要的只是计划（现在已经有了）、决心（把你"应该做的"变成"必须做的"），以及在正确的方向上持续努力。

财务自由并不容易，你在读到本书之前想必已经明白这一点了。这五个步骤之所以让人激动，是因为它们对任何人都适用，不管你的社会经济地位在什么阶层，领的是最低工资还是六位数工资，是单身还是有六个孩子，这些方法都适用。我们已经看到这些方法对成千上万的人产生效果，因为这无关收入水平，只关乎我们对自己手头可用资源所做的决定。

你现在有了能让财务发生显著变化的秘密武器，它会帮你摆脱金钱的束缚。当然，也欢迎你往里面加入自己的想法。不过，要实现真正的财务自由，这五项要素——预算、投资、免于债务、极简化、奉献——都是必不可少的。

是的，依然有大量的研究、计划和繁重的工作在前方等着你，但是，你必须从今天开始采取行动。勤奋是最重要的。

寻找你的兴趣点

一旦你解除了自身的束缚，前景就会变得十分明朗，令你能专注于寻找自己热爱的事物。

通常我们首先会问别人一个非常标准的问题：如果金钱不成问题，你的人生里你想做些什么？多数正在寻找兴趣点的人还被上文提到的四种枷锁（全部或部分）牢牢地束缚着，只能做出如下的常见回答：我不知道。

如果你不知道，那么你很可能依旧被束缚着。或许你在害怕，如果你告诉人们你想成为一个斗牛小丑，他们会说什么（多年以来，乔舒亚从来没有告诉过别人他想成为一个作家，因为他担心人们听到这话后会怎么看他）。也许你担心赚不到很多钱，会显得你不够重要。不论拖住你前进脚步的是什么，你都必须摆脱它们，去寻找自己的兴趣点。

一旦摆脱了束缚，你就能回答上面的问题。有时候，如果换一种问法，这个问题会更容易回答。写下你对下列问题的回答：

　　1. 你上一次真正感到兴奋是什么时候？

　　2. 其他五次类似的（不同的五次）经历是怎样的？

　　3. 你在以上经历中为何会感到激动？

　　4. 哪次经历让你激动了最长时间？

　　5. 这些令人兴奋的事情之间有共性吗？

　　兴奋的样子是怎样的？（你的生理机能在这些场合是怎样变化的？姿势是怎样的？面部表情呢？呼吸呢？心跳呢？你的身体还产生了怎样的变化？）

　　一旦明白了兴奋是什么样、什么感觉，你就能把兴奋的感觉与让你产生这种感觉的特定经历联系起来，**"如果金钱不成问题，你会为你的人生做些什么"** 这个问题就会变得更容易回答。答案是：**我会做能让我每天都保持兴奋的事情。** 所以，让你最为激动、兴奋感维持的时间最久的事情很可能就是你的兴趣所在。

　　换种说法就是，兴趣一半是喜爱，一半是痴迷。所以，你每天想做的事情是什么？你会被什么迷住？两者的交集就是你的兴趣所在。

　　现在，赶快穿上那件斗牛小丑的套装，然后让我们弄明白如何将其变为你的使命。

极简主义　Live a Meaningful Life　Minimalism

将你的热情变为你的使命

我们都知道你在想什么：**太棒了，但是没有人会因为我成为了一个斗牛小丑/草裙舞舞者/（在此填入你真正热爱的事物）而给我发钱。**真的吗？或许不该是那样的态度。事实是，有人在靠你热爱的事情谋生，他们做着令你着迷的事。

"他们只是运气好！"好吧，也许有些人是运气好，在正确的时机出现在了正确的位置上，但就算运气好，也要有诀窍才能持续成功。此外，还有成千上万追求你所热爱之物（而且以此为生，还过得不错）的人没有什么好运气，他们并没有成为明星，或在一夜之间得到自己想要的一切。他们付出了大量的努力，经历了各种令人丧气的失败，却依然跟随着那座热情的灯塔，直到他们能够将其称为自己的全职使命。为什么不从这些人身上学点什么呢？

如果想学会如何将热情转化为自己的使命，最快捷有效的方式就是学习已经在这样做的人。这叫作模仿，我们就是这样做的。我们看到科林·赖特、利奥·巴伯塔、塔米·斯特罗贝尔、乔舒亚·贝克尔这类人，做着我们想做的事——写作并以有意义的方式为他人做贡献，他们已经掌握了成功的窍门，我们知道他们是从尝试和失败中学习的，因此，我们也能从他们的成功和失败中学到东西。经过一年时间，我们分别拜访了这些人——他们住在数千里之外的地方——并从他们的经历中学习。我们请他们喝咖啡或吃午饭，我们做了大量笔记，并感谢他们为我们的人生增添了价值。我们通过电子邮件、电话、Skype、社交媒体等方式与他们保持着联系，和他们的友谊与日俱增。在见到他们、并从他们的经历中学习之后，我们清楚地知道怎样将兴趣转化为自身的使命了。我们就是从那时开始采取行动的，从那时候开始创建网站，并努力通过写作和其他方式为生活增添价值。

　　你的任务就是去做同样的事情：找到至少三个以你的爱好谋生的人。不需要跟我们所做的事情有任何关系。你的兴趣不一定要与建网站、写作或电子商务有关。你热爱的是什么并不重要。重要的是你要找到正在做你想做的事情的人，向他们学习，吸收他们的知识经验，然后大步行动。

事情没那么容易

你也许在想：**伙计，说可比做要容易！**

是的，说是比做容易。我们也的确做到了这些事。我们从被债务、地位、自己不感兴趣的事业束缚的过去走到如今，追逐着自己的热情，履行着自己的使命。我们现在钱挣得比以前少，有时候一周工作的时间还比以前长，但我们热爱着自己所做的事情，为之着迷，所以并不觉得自己是在工作。

当然，事情没那么容易。要采取行动来摆脱枷锁，要鼓起勇气拒绝某些社会文化认为有必要的东西，这样我们才能过上有意义的生活。但一切都是值得的，对你来说也是。你有追逐梦想的权利，你应该活出你的使命，你值得过有意义的生活。

极简主义理财和预算

乔舒亚·菲尔茨·米尔本

我是个极简主义者，不是共产主义者。而极简主义者是不会对钱过敏的。

自从我上次写了在二十九岁辞去工作一事后，很多人问我问题，其中许多都围绕着财务：你如何谋生？你要怎样支付那些账单？你现在还有哪些开销？你摆脱了哪些开销？当我还要应付大大小小的事时，要怎样把你说的这些运用到自己的生活中？

我希望这篇文章会解决你们的大多数问题。

但首先，提醒一句：过有意义的生活跟挣多少钱毫无关系。我以前挣好多好多钱。我现在不再挣那么多钱了，连以前的边都挨不着。而这没有关系，因为奉献、成长、追求自己的兴趣这些更为重要。我将在下文中提到这些概念，并将理财和过有意义的生活联系在一起，并在结尾打一个漂亮的小蝴蝶结。

极简主义　Live a Meaningful Life　Minimalism

过有意义的生活跟

挣多少钱毫无关系。

预算

让我们从如何控制消费开始。你可以想象，我喜欢简单点，以适用于所有人的方式去看问题：不管收入高低，你花的钱必须少于你挣的；若花的比挣的还多，你就会陷入债务，陷入深深的债务中。

这话听上去或许过于简单、无趣而又陈腐，然而今天欠债的人却比以往任何时候都要多。

而我对这一点深有体会。我过去就是花钱比挣钱还多，即便我挣的钱已经超过了六位数。但挣得再多也没有用，因为我花得更多。那永远都不会让你成功。

我知道这听起来像是常识。但问题在于，现在连常识都不再是人人明白的了。

底线就是：你必须花钱比挣钱少。

资源

我明白你的情况跟我不同，但并不意味着你就有借口，可以继续拖延，不意味着你必须继续被一份你痛恨的工作、一种没有自由的生活困住。

每个人的情况都是不同的，我想提供给你一些解决财务和债务问题的资源：

极简主义　Live a Meaningful Life　Minimalism

债务。ManVsDebt.com网站上的亚当·贝克（Adam Baker）有一些绝佳资源，能帮你还清债务。那会是个很棒的开始。这不是一夜之间就能搞定的（我花了两年时间才还清债务），但你必须还清债务，至少要朝无债生活的道路走去，才能过上自由的生活。

金钱管理和追踪。用来记账的最好网站（就我所知）是Mint.com。Mint把你全部的财务账目列在一起，自动将交易分类，让你规划预算，帮你完成储蓄目标。而且，它是免费的。

问责。作家拉姆·德夫（Raam Dev）坚持记账的方式让我肃然起敬。在他的网站（RaamDev.com）上，他会发表月度财务报告，公开他的全部开销（例如饮食、房租、电话费等）。就算超支了，他也会公之于众。我没有立志追求类似的逍遥自在的生活，但我能看出来记账的习惯改变了拉姆花每一块钱的思维方式。你又要怎样坚持记一本明白账呢？

我的开销

让我们谈谈必要开支吧。以下这些是我维持当前生活所必须支付的项目：

· 租金（含垃圾清理费和水费）。

· 煤气费和电费。

· 汽车保险（我没有车贷）。

- 汽油（我很少开车，尽可能步行）。

- 食物（含小费：不要当浑球，给小费慷慨点）。

- 存款（含退休金账户）。

- 医疗保险和医药费。

- 手机话费（自选项）。

- 健身房会员（自选项）。

就这些。我没写总数，因为你的情况显然不一样。所以，把你的每项花销填进去，那就是你维生必须挣的钱数。对我来说，这些花销没有包括我必要开支之外那部分，比如听音乐会、看电影或其他需要用钱的活动。这些都是可选项，不是非做不可。

关于医疗保险有一点要注意：如果你想离职，启动自己的生意，或是你已经成为自由职业者了，我仍然劝你保留某些类型的医疗保险。当然，有些人没有医疗保险，但也会有其他选项。最常见的选项如下：

- 购买免赔额度高的保险。

- 在自由职业者联盟上对比价格。

- 找一个保险经纪人对比报价。

- 通过你配偶的雇主获得保险。

关于储蓄账户有一点要注意：保留不到万一绝对不动的应急基金很重要，通常是三至六个月的基本生活费用（食物和住宿）。亚当·贝克向你展示了如何通过卖旧物赚钱，那是一种快速搞到钱的好办法。

我省掉的开销

以下是我曾经有过，但现在已经摆脱了（超过两年）的开支：

·房贷（把房子卖了）。

·房屋保险。

·车贷（还清了）。

·有线电视（电视不要了）。

·网费（到别处上网）。

·每月的新衣服。

·一号信用卡。

·二号信用卡。

·三号信用卡。

·四号信用卡（对，我原来有四张信用卡。我没在开玩笑）。

·学生贷款。

·其他债务（已还清）。

·垃圾。

·垃圾。

·垃圾（对，我以前常买一大堆垃圾，但以后再也不会买那些了）。

用金钱换自由

我的生活遵循一条原则，即质疑我的每一项购买。挣钱要花时间，而时间就是我的自由，在放弃我的金钱的同时，也就放弃了我的一小部分自由。所以在购买任何东西之前（即使是一杯咖啡），我都要对自己说："这杯咖啡值我两美元的自由吗？"这种做法显著地改变了我的思维方式。

收入

人们一旦知道了他们需要多少钱，就想知道要如何挣得那么多钱，以离开那蹂躏他们灵魂的工作，或找份他们更喜欢、然而工资较少的工作。他们说，我不想写作或者开网站。我会说，没问题！如果抱着赚钱的目的开设一个像我们一样的网站，那你可能会失败。的确，我们现在靠自己的网站赚到了一些钱，但那不是我们的初衷。不过，不管怎么说那都不是你的兴趣，所以……

首先，你必须确定自己的兴趣。对有些人来说很容易，你可能已经知道答案了。如果是这样，那就好极了。

如果你还不知道答案，乔纳森·米德（Jonathan Mead）在他的书《发现你真正兴趣的七个关键》（*Seven Keys to Discovering Your*

极简主义 Live a Meaningful Life Minimalism

Passion）中详细地阐明了这点。

我？我的兴趣？写作，尤其是文学小说。到2012年年底，我预计写小说的收入将超过我们的网站带来的收益。

那么你呢？你的兴趣是什么？你想做赚钱的生意吗？你想教小孩吗？你想建立博客吗？你想写小说吗？你想成为科学家吗？你想环游世界吗？你想给无家可归的人提供食物吗？

其次，你必须确定自己人生的使命。这一条更加棘手，而且有点哲学意味。如果你很幸运，你的使命也许跟你的兴趣一样，但就算这两者不同，那也没关系（我的就不一样）。

有一个办法就是问自己："我生命的意义是什么？"好吧，我承认这是个极其复杂的问题。好消息是我已经花了好几年思考、并帮助他人解决这个问题了。

所以，让我们将问题简单化。抛开特殊情况，对该问题的回答往往围绕着两点：

·个人成长。

·为他人奉献。

换句话说，我人生的意义就是成长为一个独立个体，并以有意义的方式为他人做贡献。而好消息就是你可以决定自己该如何完成这两件事。

成长

我的成长方式有好几种，最值得一提的是：

· 写作和阅读增强了我的思维和技艺，也强化了我的人际关系，因为我们有了可以谈论的有趣话题。

· 日常锻炼使我身心健康。

· 人际关系让我与他人联系，获得新思想，也使我通过交流加深了对自己的了解。

奉献

我为他人奉献的方式同样也有好几种：

· **参加慈善和社区拓展活动**。我献出自己的时间去加入慈善机构，还组织更多人去参加当地的社区活动。

· **教学和辅导**。我帮其他人寻找方向。

· **写作**。伟大的作品会以特殊形式为读者做贡献，以一种其他娱乐形式无法达到的高度与人联系。

那么你呢？你要以怎样的方式成长？你要以怎样的方式奉献？你想怎样成长和奉献？列出一个单子，在每一类中选取前三项。专注于这些，它们就是你的使命。

极简主义　Live a Meaningful Life　Minimalism

永远不要让好主意止步于实际行动

乔舒亚·菲尔茨·米尔本，瑞安·尼科迪默斯

人们想有选择的余地，这几乎是不言而喻的。我们每周都会从不堪重负的读者那里收到一些电子邮件，询问我们该从哪里开始他们的极简主义之路。他们迷失了，承受着重压，正在寻找方向，寻找选项。有些人极度恐慌。他们不知道要从哪里开始，因此，列出选项会让他们更容易做出决定。

这便呈现出一种两难局面。有选择是很好的，但有太多选择就不好了。正因如此，你在沃尔玛购物的时间会是在家附近菜市场的两倍；你的妻子/丈夫/伴侣在洗发水柜台花了五分钟。想太多脑子就瘫了。选项很好很有用，但太多选项就未必了。

你想按极简主义者的方式去生活？"但是我该从哪里开始？"你这么问自己。网上有那么多博客，光是粗略扫一遍你就已经要被它们活埋了。而且还有各种电子书和文献，每个人都有自己的观点，他们将其伪装成某种绝对真理、箴言或别的什么。这一切都让

人有点抓狂。

每次收到类似的邮件，问我们要从何开始，我们通常会以三种选项作答：极端、适度、保守。

1.**极端**。这是三者中最简单又最困难的，它不适用于绝大多数人（当然也包括我们俩）。最佳方案就是：租一个大垃圾筒，把多余的废物全扔进去，然后继续你的人生。那基本上就是全部，另外要做好准备，只留一两包衣服过日子。这样做没什么问题，尤其是你想旅游的时候。

2.**适度**。按瑞安说的去做，开个打包派对。假装你要搬家，把接下来一周内需要的东西拆包拿出来。将这之外的所有东西放一边。这需要占用一天左右的时间，但实际上你能从中找到乐趣。这一选项对单身人士、只有一个小孩或没有小孩的夫妇而言通常卓有成效。然而，对有些人来说，一开始就这么做还是太困难。

3.**保守**。从单个房间开始，用婴儿般的小步缓缓走向你的目标。

不管选择哪一项，关键在于采取行动。一旦做出选择，你就必须采取行动。让自己养成习惯。你永远都不该让好主意止步于当机立断的实际行动。

而你的行动也可以随着时间改变。最近，乔舒亚把自己的大多数衣服捐给了慈善商店。

极简主义　Live a Meaningful Life　Minimalism

把你大多数的衣服舍弃可能听起来不太现实。毫无疑问，这种行为更接近于极端的做法。不过，乔舒亚刚开始时采用的是保守选项，一年多以前，他慢慢减少自己的财物，精简舍弃用不上、不想要或不需要的东西。

但他最终移向了中间选项，开始质疑他的全部财物。他为他的全部东西，从衣服、家具到厨房用具，反复问自己："我真的需要这个吗？"

近日，他意识到就算东西更少也能生活，而这样他就能更加珍惜所拥有的。所以他把三十天以内没穿过的衣服都舍弃了，从外套、衬衫、皮带到鞋子。他的衣柜里现在削减得只剩最基本的东西，这让他感觉良好。这意味着以小步子开始也是可以的。先学会走才能跑。如果你一开始就能跑，那就更好了，但就算你不能，也不要感到沮丧。你应该只在拒绝立即行动时感到沮丧。

不要等到明天。明天和现在总是隔着一天。不要让借口阻挡你的行动。当然，你很累。当然，你很忙。当然，你这样那样。但不要让那些挡了你的道。唯一妨碍着你的正是你自己。而你并不需要他人许可。从今天开始行动。从现在开始行动。

不要等到明天。

明天和现在总是隔着一天。

Chapter 5

第五章

成长

人生的意义

　　我们把最重要的两章放在了最后：成长和奉献。这两种价值联手，形成了我们生命的意义：实现个人成长，为他人做出贡献。

个人成长的重要性

成长是五大价值中最重要的。不信吗？让我们来证明它。

想象一下，如果你彩票中奖了，获得了有生以来最棒的身材，找到了你的灵魂伴侣，建立了最有意义的人际关系，还清了债务，搬进了理想的房子（当然是在海边），找到了你最为热衷的事物，并发现了自己人生的使命。

现在该怎么办？闲着、休息，每天在湖边钓鱼？吃着奇多，笼罩在电视机发出的蓝光中？当然不是。你想继续享受刚得到的新生活——改善健康状况、人际关系，追求新发现的爱好。因此，你必须继续进步，继续成长。如果没有在成长，你就在走向死亡；而如果你正在走向死亡，很显然，你就没在过有意义的生活。

逐步积累的变化

一旦你在生活中做出了改变，旅途就还没有结束——想要长久的幸福，就必须继续做出改变。想想那些你已经做出的改变，或许在五年或十年前看来，很多都是不可能的。你是怎样做出这些改变的？可能是通过如下两种方式之一：巨人式的飞跃，婴儿式的小步（日积月累的变化）。

巨人式的飞跃

你可以做出一些重大而直接的改变：结束一段关系、立即辞职、收拾行李搬去一座新城市，买重要的东西（一栋房子或者一辆汽车），诸如此类。本章不会集中讨论这些巨人式的飞跃。有时候这些变化是必须的，而要成功实现巨人式的飞跃，通常只有一种方法：等到时机成熟，迈出脚步。我们将锁定你人生中最重大的改变——正是那些婴儿式的小步的积累，才能让你最终达成巨人式的飞跃。

日积月累的变化

绝大多数变化都是逐渐发生的，你不会在某些方面一口气实现飞跃，而是在日常生活中产生微小而平缓的变化，随着时间推移，最终积累为巨变。

举个例子，没有人会因为去健身房非常努力地练一个课程，然后就一劳永逸，指望着之后的人生都一直健康了。同样，你的多数改变，都是通过每天在小的方面逐渐改善积累而成的。

生活中的绝大多数改变——从健康、工作到人际关系——都涉及这些日积月累的变化。当你做出这些改变时，日复一日的生活并不会产生巨大的变化，但回过头来看自己过去的生活时，一切都不一样了。

你的多数改变，

都是通过每天在小的方面

逐渐改善积累而成的。

寻找影响力杠杆

任何改变，无论大小，第一步要做的都是下定决心。我们说的是真正的决心，一个让你觉得人生"必须"改变的决心，而不是什么等到哪天方便的时候"应该"做出改变。

下决心可以很简单，也可以很困难，而这取决于一个主要因素：影响力杠杆。

影响力杠杆指的是将足够的满足感与你在生活中别无选择、必须做出的改变相联系的能力（例如，"我必须锻炼"就与"我应该锻炼"明显不同）。影响力杠杆越强，你就越容易下决心，也越容易贯彻执行——因为你在改变后感受到的满足实在是太棒了，所以你"必须"实现改变。

如果一种改变无法坚持下去，那是因为这个人无法从这种改变中看到长期收益（也就是说，他们没有将足够的满足感与这种改变

极简主义 Live a Meaningful Life Minimalism

联系起来，或者是他们将太多的不满与这种改变联系了起来）。

　　然而，一旦你将大量的满足感与某一改变联系起来，这种变化就成了你必须做的事。举个例子，拥有健康的生活方式给我们带来了满足感，这足以使我们在生活中做出大量饮食和锻炼方面的改变。为了获得这种动力，我们将不满情绪与我们当时的状况（镜子中自己的模样，吃完一顿大餐后的感觉，以及其他会使我们感觉很糟糕的负面事物）相联系。然后，我们将巨大的满足感与我们每天所做的改变相关联。比如，我们喜欢把食物当作营养补给，而不是娱乐消遣；我们每天锻炼身体，并乐在其中，从我们身体每日产生的微小变化中获得满足。

采取行动

一旦你下定决心做出改变，一旦你有了足够的动力，最重要的就是立即行动。这并不意味着你必须跑十几里路来改善健康，或今天就辞去工作去追求爱好。而是说，你应该朝着正确的方向迈出步子。你必须先建立起一些习惯；否则，你就会产生大量的不满，而你的变化也不会长久持续。

最开始的几步很关键。一旦你获得了足够多的惯性，这种改变就会变得有趣又激动人心，而你也会想要继续进步和成长。让生活各方面进步的小方法可以是每天锻炼，你也可以通过每日一次有意义的交谈来加强人际关系，还可以在你最热爱的事物上花一个小时，等等。这些小变化迅速累积起来，层层叠加。很快，你向身后一瞥，就会被自己的巨大进步惊呆。

这就是发生在我们身上的事情。经过一年时间，一切都改变了：我们辞去了大公司的职务，改变了饮食习惯，开始了定期健身，变得健康了，加强了我们的核心人际关系，建立了很棒的新人际关系，开始培养自身的爱好，帮助了比以往任何时候都要多的人。我们以前想不到在这么短的时间内竟然可以做出这么多改变，回过头看时，我们十分感激自己当时的决定：每天行动一点点，让我们在相对较短的时间内改变了一切。

提升你的标准

昨天看上去不可能的事情，在明天看来往往就会很容易。因此，如果你想继续成长，就必须持续提升自己的标准。否则，你就会陷入停滞。或者，更糟，如果放低了自己的标准，你就会衰退。

当你在采取渐进式的日常行动时，每天将标准稍微提高一点，尤其是要让你感到不舒服，这是很重要的。离开舒适区是成长的重要部分。你不需要将标准提升太多，只需高到足以使你每天的改变都稍微困难一点。随着时间推移，你逐步提高标准，终将累加到你过去无法想象的程度。

对我们来说，提升标准最引人注目的例子就在健康方面。我们一旦下决心改变饮食结构和锻炼方式，就应该每天采取行动来改善这两个方面，我们也会每天将标准提高一点，尤其是在锻炼方面。我们俩过去完全不锻炼。乔舒亚以前一个俯卧撑或引体向上都做不了。后来他学到了一些小技巧，让他能够做这两种练习的简化版，直到有一天他能够做出一个标准动作。一个俯卧撑后来变成两个，再后来变成十个，最终变成了连续一百个。引体向上也是如此。如果在一开始就试着做一百个，他就会失败。失败会带来大量的不满，使他气馁，无法继续成长。那样，他很可能已经放弃了。他没有那样做，而是每日渐渐提高标准，在之前的成就上越走越远。

持续行动

继续提升标准的同时，持续行动也是很重要的。每天把标准提高一点点，比每周提升七倍的量，或者每月提升三十倍的量，要来得容易。

举个例子，每天加强你的人际关系是很重要的。今天和明天都对你的爱人好，跟你今天冲着他们大吼大叫、明天再给他们买花相比，前者对你来说更有好处。

同样的道理在生活中的方方面面都是成立的：真正的成长的关键是持之以恒。每天付出持续、渐进的行动，就是我们改变人生的方式。这感觉就像一开始在慢慢爬行，一旦产生了足够的动力，你就不想停下成长的脚步。正是成长让你感到充满了生机和活力。

三十年来学到的三十堂人生课

乔舒亚·菲尔茨·米尔本

上个月我满三十岁了。在这三十年的人生旅途中，我学到了很多东西。以下是我学到的最重要的三十堂人生课。

1.我们必须去爱。你一定听过这句话："爱过后失去胜过从未爱过。"我知道，这样的说法乍听上去简直老套又无趣，因此我们经常摆摆手，将其抛在脑后。然而这就是残酷的事实，因为道理太过深刻，反而只能用陈词滥调来说。但我们必须去爱，就算这让我们心碎。因为若不去爱，我们的生命便只是昙花一现，如过眼云烟。

2.仅有爱是不够的。虽然我们必须去爱，但仅靠爱是不足以生存下去的。我们必须采取行动，让别人知道我们关心他们，我们爱他们。

3.快乐不是商店中贩卖的商品。我们买不到快乐。见鬼，光这么说都觉得老掉牙。我们在商店的货架和易趣网站上搜寻着，想填补心中的空虚，但我们却无法用实物填补这个空洞。无论我们多费劲地去寻找，无论我们买了多少东西，都是行不通的，因为那些东西不会让我们快乐。最好的情况下，我们获得了片刻安宁。最坏的情况下，我们的生活被毁掉，留下的是更多的空虚、抑郁甚至孤独，身处一大堆物品中的孤独——有时候，在一个塞满东西的房间里反而最觉得孤独。事实就是我们都会死去，而在墓中堆满财宝并不能帮我们逃离这种命运。

4.成功是相对的。我曾经认为自己很成功，因为我有着年薪六位数的工作，朋友和家人都为此感到骄傲。我曾经认为拥有包含很多间卧室的大房子会让我显得更成功，同理还有豪车、正装、高级手表、超大电视以及其他各种物质。但我在得到那些东西之后一点都不觉得自己很成功。相反，我感到沮丧。于是我做了什么呢？我买了更多东西。而当那也不管用时，我便明白自己必须做点别的什么了，明白自己不能再活在谎言中，而应开始实现自己的梦想。

5.你必须让改变成为必须做的事。我一直都知道，自己想改变当前的人生。我知道自己当时不快乐、不满足、不充实。我知道我当时不自由，不是真正的自由。问题在于，我理智上明白这些，感情上却并非如此。我当时心中并没有什么非改变不可的感觉。我知道应该改变，但这种改变对我而言却不是必须的，因此，它迟迟未发生。然而，一旦你从情感层面明白了这些，就会把"应该做"的

极简主义 Live a Meaningful Life Minimalism

有时候，

在一个塞满东西的房间里

反而最觉得孤独。

事情变成"必须做"的。我相信这就是关键，这样你才能真正被"撬动"，才能强迫自己去行动。因此，所谓下决心往往并不是真的决心，除非你真的把它当成必须做的，除非你觉得它好像压迫在你的神经末梢上，除非你被强迫着去做出行动。一旦那些应该做的事情变成了必须做的，你便是真的下定决心了。

6.成长和奉献就是人生的意义。给予才是生活，我已经说过这一点了。我相信要过有意义的生活，最好的方式其实很简单：不断实现个人成长，并以有意义的方式为他人奉献。成长和奉献。就是这些。这就是我的人生意义。

7.健康比我们绝大多数人想的还要重要。没了健康，其他一切都没意义了。我花了超过一年半的时间才减掉六十多斤——六十多斤恶心的肥肉——但那已经是七年前的事了，而我把减肥后的体重一直保持到现在。我不会再长回去。我现在三十岁了，身材正处于有生以来的最佳状态。今后也只会越来越好。

8.寄情之物并没有我们想的那么重要。我母亲在2009年去世了。那是我人生中一段异常艰难的日子，但我同样从中学到了很多：我们为物品赋予了不必要的情感。我意识到就算没有妈妈的遗物我也能保留关于她的记忆，我不需要靠她的东西来记住她。她的痕迹无处不在：在我的行为方式中，在我的接人待物中，甚至在我的笑容中。她仍然还在，而她从来都不是那些东西的一部分。

9.你的工作不是你的使命。 至少不是我的，虽然在很长时间里我都以为它是。我为其赋予了很多意义，非常努力地干活，整个后半生都要耗在这上面了。之后我觉察到这并不是我的使命。于是我的生活发生了剧变。

10.找到你的兴趣是很重要的。 我的兴趣在于写作。或许你已经知道自己热爱什么了，或许你还毫无头绪。帮帮你自己，去找到它，它将改变你的一切。

11.人际关系很重要。 不是所有的人际关系都那么重要，但有一些真的、真的很重要。那些人际关系是我们应该重点关注的（对大多数人来说，真正重要的人际关系用手就能数清，总数可能都不超过二十）。我发现极简主义帮我专注于这些关系、并与他人建立了更深层次的联系。

12.你不需要让所有人喜欢你。 我们都想被爱，这是哺乳动物的天性，但你无法把所有关系都一碗水端平，因此也无法期待所有人都一样爱你。生活不是这样的。朱利恩·史密斯在他的文章《死不妥协完全指南》中清楚地阐明了这一观点："当人们不喜欢你的时候，实际上什么都不会发生。世界不会终结。你不会感到他们牢牢地压住了你的肩膀。事实上，你越是无视他们，一心做自己的事情，你的生活就越好。"

13.地位是一种误称。 与"成功"类似，我们的社会文化大力强调物质财富的重要性，将其作为财富的真正标志，然而我认识太多有"地位"的人，太多"富有"的人——该死，我还参加过一些他们的晚宴——他们实际上非常悲惨，一点都不富有。他们只是表面上"富有"，内心却破产了，情感上一无所有，穷得只剩下包里的钱了。或许查克·帕拉尼克（Chuck Palahniuk）说得最好："你的身份不在于你的工作，不在于你银行里存了多少钱，不在于你开的什么车，不在于你钱包里的内容，不在于你那见鬼的卡其裤。"

14.嫉妒和艳羡是无用情绪。这点对我来说或许要容易些。我从来都不会嫉妒。事实上，这一点曾经损伤过我的人际关系，因为我没有跟别人把事实说清楚——我不是那种会嫉妒的类型。奇怪的是，有些人就是希望我们通过嫉妒来表达关心。与其相反，我选择通过展示信任来表达我对某人的关心。直面他人就好，告诉他们不需要嫉妒，因为你爱他们、相信他们。这让一切都变得更简单。

15.每个人都有崇拜的东西。我最喜欢的小说家戴维·福斯特·华莱士（David Foster Wallace）说得好："在成年人日常生活的战场上，实际上是没有什么所谓的无神论者的。没有什么所谓从不崇拜的。每个人都有崇拜心理。我们能选择的是具体崇拜什么。"我们中很多人选择去崇拜物质。而正是这一点，引导我转向了极简主义。

16.我不是宇宙的中心。从自己以外的角度去思考这个世界是极

极简主义 Live a Meaningful Life Minimalism

其困难的。我们总是担心生活中会发生什么。我今天的行程是怎样的？如果我在下一轮裁员中丢了工作怎么办？我为什么无法戒烟？我为什么超重了？我为什么感到不幸福？简而言之，我们对与自己生活相关的一切极其敏感。然而，我其实根本就不是一切的中心。认识到这一点十分重要。

17.清醒是一种最可贵的自由。这也是极简主义能吸引这么多人的另一大原因。它移除诸多障碍，让我们专注于最重要的事物。极简主义是一个工具，这个工具使我们摆脱那些闲杂冗余，从而更容易过上有意义的生活，这个工具使充斥着无尽装饰、看起来错综复杂的世界变得更简单、更容易、更真实。要一直保持清醒、专注和明白是极其困难的。在这个累人的世界中被种种陷阱和障碍包围，想要不陷入迷幻是一件难事。但这样做是很重要的，因为这才是真正的自由。

18.在山上。这就是我对于"活在当下"的表述。

19.我们经常无故害怕。问问你自己："我到底在怕什么？"我们往往在害怕那些并不会对生活带来真正影响的东西（或那些我们无法掌控的东西），所以我们的担心是毫无道理的。

20.改变没什么不好，改变就是成长。我们都想要不同的结果，然而大多数人又不想让生活有任何改变。改变等同于不确定，不确定等同于不安，而不安可不怎么有趣。但是，当我们学会享受改变的过程，选择把不确定视为多样性时，我们就能获得变化带来的奖励。而这就是作为人的我们成长的方式。

21.**装作完美并不会让我们变得完美。**正如我之前所说的，我并非完人，也永远不会成为完人。我会犯错，会做出糟糕的决定，有时还会失败。我蹒跚而行，跌倒在地。我是人——复杂、微妙、黑暗而又光明——正如你一样。而你也是美丽的。

22.**过去不等同于未来。**我的话说出口便是说出口了，无法收回。你无法改变过去，所以专注于当下很重要。如果过去等同于未来，那你汽车的风挡玻璃就没用了：你只会在开车时死死盯着后视镜。但这样的驾驶方式——只看着身后，是一定会撞车的。

23.**疼痛可能是有益的，但为此让自己饱受折磨是绝对没有好处的。**疼痛让我们知道有什么不对劲。它是一种提示，告诉我们需要改变我们正在做的。但是否为此饱受折磨则是一种选择，一种不时需要做出的选择，而我们可以选择停止煎熬，从疼痛中学到一课，然后在人生中继续前行。

24.**怀疑害死人。**那个阻止你去做一切想做的事情的人，那个阻止你彻底自由的人，那个让你无法健康、快乐、热情、去过有意义生活的人，正是你自己。我们可以将自己怀疑到死。

25.**等待没什么不好。**博客作者利奥·巴伯塔总是提醒他的读者们放慢速度，不要着急。有时候为了某些事物多等些时间是没关系

极简主义　Live a Meaningful Life　Minimalism

的。如果不是必须的，那你为什么要那么急呢？为什么不享受旅途呢？例如：这些天，当我在代顿、波特兰、奥克兰或随便哪里走街串巷时，如果我看到红灯闪烁，警告我要加快速度穿过那见鬼的马路，我也不会急急忙忙冲过人行道。相反，我停在原地等，我让闪烁的警示灯转为固定的灯，命令我停下来！然后红绿灯从绿转黄再转红，我等着。我环顾四周，我呼着气，我思考着，我等待着。等待也没什么关系。

26.诚实极其重要。诚实，简单说来，就是说真话，不撒谎。保持诚实是极其重要的，不诚实就会造成伤害，但是……

27.坦率和诚实一样重要。坦率比诚实更为复杂。坦率与诚实有关，如准确描述想法、直言不讳、不误导其他人、保持真实。但坦率则主观得多，在对他人坦率之前，你首先要对自己诚实。这并不意味着必须把你整个人生都展示给别人看。有些东西是私人的，而这也没什么关系。

28.提升他人的价值是让他人买你账的唯一途径。我们最近写了一篇关于提升他人价值的文章。这是我长期以来的准则。当我管理一大组人时，我不断问他们："你这周是怎么提升价值的？"我也总是问自己同样的问题，然后我就会把我那周提升自我价值的方法分享给整个组。我就是这样让他们买账的。

29.广告诱导是癌症。当我和利奥·巴伯塔在旧金山一起吃午餐时，他说的一句话一直萦绕在我脑中："我对广告诱导过敏。"
这句话触及了我的神经末梢，引发了一种特别的共鸣。我们太容易
被广告轰炸蛊惑（例如，"买得越多，省得越多"以及"限期三天
特卖！"），而我们之所以会被骗去草率地决定购买，则是因为匮
乏以及错误的紧迫感。但是，我们可以训练自己，让自己不仅能抵
抗这种天花乱坠的宣传，还会尖酸冷漠地应对诱导，自发产生不快
的反应，避免购买大肆炒作的东西。这就又回到了保持清醒这一点
上，正如我前文所说，这才是最宝贵的自由。

　　30.我仍然在努力把一切搞清楚。我并不打算把自己的看法和观
点作为你生活中必须遵守的某种人生格言或经验教训来宣扬。对我
有效的东西可能对你无效（见鬼，有时候它们甚至对我都无效）。
然而我还是希望其中有一部分能帮到你。

极简主义　Live a Meaningful Life　Minimalism

Chapter 6

第六章

奉献

奉献的重要性

奉献是五大价值中最重要的。不信吗？让我们来证明它。

想象一下，如果你彩票中奖了，获得了有生以来最棒的身材，找到了你的灵魂伴侣，建立了最有意义的人际关系，还清了债务，搬进了理想的房子（当然是在海边），找到了你最为热衷的事物，发现了自己人生的使命，还找到了让自己日有进益的新方法。

现在该怎么办？享受着你的财富和名声，躺在你的钱堆上陶醉，像唐老鸭那样在纸币和硬币中畅游？当然不是。

成长通向奉献

随着你逐渐成长，有些很神奇的事情就会发生：你有了更多可以给出的东西。这真是个不可思议的循环：你越成长，就越能帮助其他人成长；而越是帮助他人成长，你自己就越能获得更多成长。

超越你自己

　　成长让人感觉好极了，但奉献能让你感觉更好。因为你为你爱的人们所做的事情往往比为自己做的还要多。

　　你之所以愿意为你爱的人们做更多的事，是因为人类有着为他人奉献的内在需求——奉献是人类的一种本能。

奉献的方法

为他人付出是一件好事，有无数种途径可以做到。而奉献的方式也无所谓对错：所有的奉献都是有益的。因此，学会如何最好地为你周围的人奉献便至关重要。

在这章接下来的部分中，我们将谈到我们俩是怎样在当地组织和网上做贡献的，但是必须指出，花时间参与这类活动并不是奉献的唯一方式。你可以在许多活动中找到做贡献的各种小方法。

在过去的职业生活中，我们都为大企业带领过一大群人。其间，我们发现工作中最有收获的部分是围绕着指导他人而展开的。因此，不管你是将时间献给慈善，还是找到了全新的方法来为自己的首要人际关系网中的那些人付出，你都在做一件事：增添价值。

增添价值

　　这项任务会如何增添价值？这是我们在企业工作时每天都会问的一个问题。这个问题对我们走向成功的帮助比其他一切都要大。我们也拿同样的问题去问我们的雇员：**"你今天如何增添价值了？"**

　　而现在，我们仍然每天都会问自己这个问题。

　　它的核心是帮你确认自己是如何奉献的。如果你对此没有好的答案，那么还有一个合适的问题：**"我能如何为目前的情况增添价值？"**或者**"我如何才能更好地为其增添价值？"**通过提出这些问题，你就会开始明白该如何运用有限的时间来更好地为他人做出贡献。

　　举个例子，你是否曾经因目睹一场激动人心的简短演讲或独白而产生了立即行动的冲动？你是否曾经修过一学期的大学或高中课程，而它们给你的人生增添了价值？如果你和多数人一样，那么这两个问题的答案应该都是肯定的。但如果你有机会在一小时内为某人的人生增添大量价值，难道不比将其延长至几周甚至几个月更有意义吗？答案自然是肯定的。

上述例子或许看上去有点极端，但重点是最大程度地与自己互动。如果你不断地问自己**"我要如何增添价值？"**，就会得出一些绝佳的答案。当你从增添价值的角度思考时，就会注意到，你所做的一切都在通过各种方式来增添价值了。那是因为，随着时间的推移，你就会开始剔除那些不会为你或他人的人生增添价值的东西。

我们如何奉献

我们发现了许多可以为本地社区，以及全世界的人做贡献的方法（通过我们的网站）。

举个例子，我们花时间在当地的仁人家园、食品赈济所以及各种慈善机构干活。我们也通过帮学校刷油漆、筹资、清扫街道、为消防栓和公园刷漆以及其他方式为社区提供帮助。

此外，我们的网站还收获了来自世界各国的百万读者，使得我们能够一同做贡献，其中包括在老挝建立一所小学、在马拉维安装洁净水水井、为乌干达的一所高中提供长达一年的赞助、在洪都拉斯建立一所孤儿院，以及遍布全球的许多类似的工程。

因此，至少有两种为他人做贡献的方法：

1.当地组织。你可以在那些由当地人组成的、为本地社区服务的慈善组织（仁人家园、大哥哥大姐姐、其他各种非营利组织、流浪汉庇护所、食品赈济中心以及诸如此类的项目）帮忙。如果需要更多好的推荐，请访问volunteermatch.org，或在当地免费的社区报纸上检索相应分类。

2.开始做你自己的事情。很多人发现能通过帮助他人得到满足感，因此，对他们来说，创造自己的奉献方式就很重要了。对我们而言，这意味着创建网站，在上面用文字记录我们的旅程，并通过分享基于我们个人经历而提出的建议来帮助其他人。对你们而言，奉献可以是任何事情：从开设社区花园，到为市中心穷人的孩子提供工作培训。通常情况下，如果你要开始做自己的事情，你会从在本地机构帮忙开始，然后再在这个过程中确认如何才能最好地增添价值，实现目标。

我们采用的方式是二者的结合，那使我们通过不同途径获得满足。

在本地非营利机构做义工能让我们与人面对面地交流，而且也能与社区这个整体建立联系。

另一方面，我们的网站则从智力上帮助更为庞大的人群，而这种方法离开网络是行不通的。

不管从哪里开始，都很可能需要以你不太习惯的方式起步，而这会让你有一点点不舒服。这是完全可以理解的。你可以考察不同的机构——在不同的地点，与不同的人共事——直到你发现最适合自己的那一个。这同样有助于你拥有不同的帮忙方式，让你的奉献工作一直保持新鲜感和兴奋感。

事无大小，满足感是相同的

关于奉献，有一条好消息：无论以何种方式奉献，你都会获得大量的满足感——一种无可比拟的满足感。我们最开始做的只是微小的贡献——寻找那些能够参加的本地慈善活动，而这远在我们拥有自己的网站之前。我们紧跟着一切花时间做贡献的团队，用力所能及的方式去帮忙。在最初的几次活动后，我们发现了一些意想不到的事情：我们为自己所做的贡献感到非常满足。为他人做贡献，让我们获得一种深层次的满足，而我们从来没有从生活的其他方面得到过这种感觉。

开支票并非正确答案

有些人说：**"我没有时间做慈善，我就开张支票代替吧。"**虽然向慈善机构捐钱是值得称道的（而且我们也鼓励你在力所能及的前提下这么做），但是，通过这样的捐助行为所获得的满足感，与实际参与奉献行动所得到的相比，显得黯然失色。面对面的交流、体力劳动以及完全沉浸在奉献之中的心理活动比开支票所能得到的回报感要强得多。

两种类型的正面经历

生活中有两种类型的正面经历：

你乐在其中的正面经历。对有些人而言，包括做某种体育运动、教孩子骑自行车、滑雪、去朋友家看橄榄球比赛，以及诸如此类的事情。这些通常是你生活中最好也最不费力气的经历。这些事情很容易做到，因为它们令人激动、有所收益，使你感到充实满足。不幸的是，与这种类型的经历相比，第二种正面经历实在是不常见。

你不喜欢的正面经历。对有些人而言，这一类经历包括绝大多数对他们有益的活动，例如吃蔬菜、每天锻炼、做体力劳动、每晚与爱人交谈、接受新的挑战。

人们为什么不去奉献

　　人们之所以没有竭尽所能地去做他们应做（或想做）的贡献，是因为他们常常将奉献视为并不喜欢的正面经历。而回避不喜欢的事物是人类的天性。如果真的决定要体验持久的满足感和成就感，你就必须改变这一点。

活得有意义的关键

第二类正面经历（你不喜欢的正面经历）是使生活有意义的关键。

也就是说，要从长远角度改变你的人生，就得找出法子，将你不喜欢的正面经历转化为你乐在其中的正面经历。这一策略才是通往长期的快乐、成就感以及有意义生活的通行证。

它不仅能让你改变与奉献之间的关系，对生活中的方方面面更是有效。我们一直等到现在才与你分享这一关键因素，只有这样，我们才能讨论可以应用于全部五种价值的方法。

1.健康实例。在劳累的一天开始前进行晨练可不是一件容易的事。相比之下，还是再睡三十分钟更为轻松。但毫无疑问，你也知道哪一个对你来说更好：晨练会使一天有一个良好的开端，为你提供一天的活力和能量，比起半小时的睡眠，当然还是晨练对你更有好处。

2.人际关系实例。在辛苦工作一天后回到家，还要花一小时与你爱的人们进行有意义的谈话。相比之下，还是迷失在电视机那令人昏昏欲睡的图像中要容易得多。但是，让我重申一遍，与伴侣或密友的晚间对话会巩固你的人际关系，为你的人生（也是为他们的人生）增添的价值要多得多，而这是电视永远都做不到的。

3.热情实例。晚上，你的朋友和同事们都在酒吧中喝酒，而你却待在家里着迷地做着自己热爱的事情，这可不是件容易的事。出门喝点酒、吃点墨西哥玉米片、与朋友们进行一些短暂的交流要容易得多。

4.成长实例。要想欣然接受一些新事物可不是件容易的事，比如寻找新的锻炼方法、开展一项新业务或者认识一些新人。相比之下，继续做你正在做的事情，维持着令自己舒服的状态，因为害怕失败所以避免去尝试新事物，做起来要容易得多。

5.奉献实例。同样，在奉献方面，要在周六早上起床去参加社区活动可不是件容易的事。相比之下，在家做点家务，打开电视看看本季体育赛事，或者干脆什么都不做，要容易得多。

关键是总会有一些事物来引诱你，妨碍你做那些会让生活更有意义的事情。好消息是，将你不喜欢的正面经历转化为你乐在其中的正面经历，就可以避免这些诱惑。通过这种方式，一切与你人生相关的正面经历都会令人愉悦。我们找到了一些方法，接受了那些过去在我们看来乏味无趣的事情，并让它们变得有趣而又振奋人心。

奉献有趣又令人兴奋

不管做什么，我们俩都会确认我们喜欢做这些事。我们会根据健康、人际关系、热情、个人成长以及为他人奉献的方式这些方面，来决定我们是否要参与活动，寻找让事情变得有趣好玩、有点犯傻并令人兴奋的方法。

奉献是一件严肃的事情，但我们也没有过于严肃地去对待它，而是像玩一样，从我们所做的事情中得到快乐，享受着奉献的过程。我们通过问自己一个问题来做到这一点——"我如何才能让这段经历变得愉快？"这听起来像是个小儿科的问题，但这就是将我们不喜欢的正面经历变为我们乐在其中的经历的基础。

试试看这么做：想一种为他人奉献的方法（最好是你以前从未做过的）。如果你感到茫然，请使用我们在本章之前为你提供的网址：volunteermatch.org。一旦有了付出的方法，就要问问你自己**"我要怎样使这个过程变得愉快？"**把你想到的答案写下来。

举个例子，在写这部分内容的几周之前，我们俩在一个寒冷的深秋下午与仁人家园的人一起工作，帮俄亥俄州代顿市的一家人建房子。当我们站在室外给房子挂墙板时，冰冷的雨水从天而降，我们的衣服湿透了，这无异于给我们泼了一盆冷水。那可不是什么愉快的事情。至少最初不是。瑞安看着乔舒亚，问道：**"怎样把这种情况变得让人心旷神怡？"** 虽然这是个很基础的问题，但答案却没有那么简单——要让冰冷的雨和建筑工程变得令人愉快可不是件容易的事情。于是我们一边继续挂墙板，一边开动脑筋：要不我们请屋里的孩子们来帮忙？要不我们来比赛看看谁能最快挂好最多的墙板？要不我们在挂墙板时像两个傻子一样引吭高歌？要不我们去拙劣地模仿罗伯特·德尼罗（Robert De Niro）和克里斯托弗·沃肯（Christopher Walken，二者均为电影《猎鹿人》主演）来施工？要不我们进屋去等雨停，给大家泡点热咖啡，给那家人讲点故事？那样我们就能让他们在雨停后帮我们完成工作了。要不……要不……要不……？

几分钟内我们就想出了十几个答案，而多数都挺傻的。但我们还是选了其中几种试了试，这让我们平凡单调的工作变得有趣起来。我们开着玩笑，放声大笑，度过了一段好时光。我们把一项无趣的差事变成了有趣的事情——用于奉献的伟大的一天，我们很久都不会忘记。

给予就是活着

除非为他人奉献，否则你的人生便永远是为了自己而活。做自己感兴趣的事是可以的，但只做这些会令你的存在变得空虚。没有奉献的人生是没有意义的。真相是，给予才是活着。只有在成长和奉献的时候，我们才会觉得自己实实在在地活着。那才是真正的人生所要做的，那才意味着有意义的人生——由健康的身体、和谐的人际关系和无限的热情构成。

给予才是活着。

只有在成长和奉献的时候，

我们才会觉得自己

实实在在地活着。

增添价值

乔舒亚·菲尔茨·米尔本，瑞安·尼科迪默斯

为别人的人生增添价值是你能做的最重要的事情之一，这与金钱没有关系。

为什么为他人增添价值这么重要？因为，增添价值是让其他人买账的唯一途径，也是少数能让其他人信任你的方式之一。

当你增加了某个人的人生价值时，你就在以有意义的方式为那个人做贡献。这对生活的方方面面都很重要——领导地位，友谊，人际关系，你的工作以及家庭。

如果想让人们尊敬你，那你就必须为他们的人生增添价值。否则你就是一个累赘、一个肿瘤、一个寄生物、尸体上的一只臭虫。而我们都知道，那并不是你。

增添价值的方式有很多种。你可以：

·创造人们可以使用的某样东西。

·激励某人去采取行动。

- 伸出援手。

- 在别人想哭时提供肩膀，给人依靠。

- 为某人指出更好的方法。

- 提供一个新观点。

- 以身作则。

- 更多地去聆听。

- 给予充分的关注。

- 在某人需要时支持他。

- 去爱他们。

重要的是从实际上增添价值，没有不可告人的隐藏动机，真实、有帮助、不装腔作势。

我们都曾受益于他人增添的价值。我们俩去年开设了这个网站，是被四个人创造的价值所激发和鼓舞，我们很钦佩他们写的东西。利奥·巴伯塔、科林·赖特、乔舒亚·贝克尔以及埃弗里特·博格为我们的人生增添了价值，这足以促使我们做出改变，改善自己的生活。他们的作品对我们产生了深远的影响，引导我们做出巨大的改变——其中一部分改变是极其困难的——并过上更有意义的生活，我们实现了个人成长并为他人做出贡献。我们不再关心物质的表面价值，而是在意我们能为他人的人生所增添的价值，为此，我们将永远对他们心怀感激。

因此，我们意识到了尽可能地为他人增添价值的重要性。事实上，你能读到这篇文章，正是因为我们创建了网站来给他人增添价值，为你的生活增添价值。我们花时间去做慈善。比起高谈阔论，我们聆听得更多。我们关心他人。我们付出着爱。

　　谁为你的生活增添了价值？你又会怎样为别人增添价值？

给予才是生活

乔舒亚·菲尔茨·米尔本，瑞安·尼科迪默斯

以有意义的方式为他人奉献。

为他人奉献带给我们的感觉是很有趣的。这是一种难以名状的感觉，一种你无法靠买东西来获得的成就感。它让你快乐，使笑容出现在你的脸上——发自内心的笑容。

如何以有意义的方式为他人奉献，举以下四个例子。

方案一：寻找和给予

试试这样做：拿十美元给下一个你看到的站在街头的家伙（是的，我们说的就是那种举着"失业"牌子的乞丐）。

如果我没有多余的十美元呢？你有。就算你破产了，你也拿得出十美元。

如果他只是拿我的钱去买酒了呢？他可能会这么做。但如果你错了呢？如果他是拿钱去买食物以免挨饿呢？

更好的办法是，不要给他那十美元，而是带他去吃饭。这也许会改变他的生活。抑或只是改变了你的。有时候给予会改变一切。

有些东西驻扎在我们内心——这是与生俱来的，使我们在善待他人、给予奉献时感到好极了。

方案二：捐献你不需要的东西

你需要几件外套？你需要几条牛仔裤？你生活中还有什么多余的东西？

为什么不把那些东西捐给其他更需要的人？

你或许能想起来，乔舒亚最近刚把大多数闲置的衣服捐给了善意（Goodwill，收卖二手货的慈善型商店）。而瑞安在我们实践极简主义的过程中向救世军（Salvation Army，宗教慈善组织）捐赠了大量物品。你可以在DonationTown.com上找到适合你的慈善机构（其中很多甚至会上门领取捐赠物）。另外，你可以在报税时把这些东西也列上。

方案三：献出你的时间

上周六，我们献出了一整天时间帮俄亥俄州代顿市的一家人维修房子。我们是和一个叫国际仁人家园（Habitat for Humanity）的很棒的组织一起干的。你不仅可以帮助一个需要帮助的家庭，还能

极简主义　Live a Meaningful Life　Minimalism

学到一些实用技巧作为额外奖励。

我们还参加了社区活动，例如施舍食物、打扫公园、去学校当志愿者（辅导、刷漆、维修），以及其他回馈社区居民的活动。

你能给别人的最有价值的东西就是你的时间。要怎样把自己的时间献给别人呢？

我们有一条建议：下个月安排一天时间跟朋友或家人一起回馈你所在的社区。最简单的就是从国际仁人家园或当地的施粥场这种地方开始。务必要玩得开心——我们可以肯定，你一定会的。

方案四：聆听你内心的声音&立刻帮助别人

最近有一天，当瑞安在杂货店的收银台前排队时，有一对二十几岁的年轻小夫妻带着一个婴儿站在他前面。他看到他们把一些已经放在收银台上的东西拿了回来，因为他们没有足够的钱。一股强烈的想要贡献的念头——同样，想帮忙的渴望深植于我们每个人心中——冲击着瑞安，他明白自己想帮助这对夫妻。于是他将那对小夫妻买不起的东西买下来，送给了他们。

我们写下这些东西，并不是想让所有人知道我们有多善良（虽然我们都是超级大好人，更别说我们有多帅多酷多友善了，简直是一起出去玩的不二人选），而是希望你也能做出贡献。

我们想让你听到自己内心的声音，为别人行善良慷慨之事。我们想让你付诸行动。有时那个声音很小，很容易被忽略，所以我们只是在提醒你有这么一个声音。

当瑞安在收银队伍里感到"需要做点什么"时，他没多想就行动了。你也可以做同样的事情，让自己习惯于直接行动。

身体力行和奉献

如果你现在正在为某事摇摆不定，不知该不该做，那就直接行动，做你认为正确的事情。按照内心中那个声音说的去做。我们保证，你会感觉好极了。

做正确的事情，除了能获得这种良好的感觉之外，还有一大好处就是你最终会得到回报——在你没指望它的时候，在你需要它的时候。我们的朋友，博客作者科林·赖特管这叫预先支付。而这是有效的。

更多人必须奉献。

从今天开始，从现在开始。我们相信你会使一切变得不同。

消磨时间

乔舒亚·菲尔茨·米尔本

不知怎的，我会不知不觉地将时间抛诸脑后。

上周，我在俄亥俄州代顿市的街头散步，烈日当头，有人叫住我，问我几点了。我抬头看着天空，用两个字回答："白天。"

我并非刻意让自己的回答听起来像耍嘴皮，或以任何方式使人不悦，但那是我唯一能做出的回答。我当时没带手机，也没有手表，完全不知道当时是什么时间。

在整个极简主义之旅中，我学到了很多东西，不断地试验，迫使自己改变和成长：我不再买一堆垃圾，我处理掉自己的电视，我断掉了家里的网络，我不再使用洗碗机，我开始质疑我的财产，我捐出了自己百分之九十的物品，我离开了公司，我清理了自己的盘子，我停止了尝试，我练出了有生以来最棒的身材，我抛开了我的目标，我开始以有意义的方式为他人奉献。

我做了很多这样的事情来挑战自己的极限，实现个人成长。我写下了这些经历，向你说明它们都是可能的，而且往往比想象得要简单。

然而，有些时候，改变是意料之外的，正如我最近注意到的这个变化：这些天来，我很少精准地记录时间。

久而久之，我把时间忽略了。

我卖了自己的那些手表。

我捐了自己全部的挂钟。

我把电脑上的时间显示取消了。

我把那台能显示时间的微波炉处理掉了。

我把自己的闹钟也捐出去了（如果需要，我会用我的手机）。

现在我公寓里一个钟都没有了。唯一能显示时间的是我的手机，在家时我通常将它放在另一个单独的房间里，而出门时常把它留在家里。我的车上有时钟功能，但我故意把它设成了错误的时间，这样就能自觉地不依赖它了。

现在我想什么时候醒来就什么时候醒来，想什么时候写作就什么时候写作，想什么时候锻炼就什么时候锻炼，想什么时候吃饭就什么时候吃饭，每天分分秒秒好好过日子，无论什么时候。

我也意识到，这种无视时间的方式对很多人来说并不实际，但或许有应用的价值。你可以每月抽出一天（甚至每周抽出一天）来这样度过。或者你可以省略不必要的计时工具。例如：我们真的需

极简主义 Live a Meaningful Life Minimalism

要手表和手机吗？真的需要在家中每个房间里都摆上钟吗？

经验教训

　　没有了计时工具，我可以专注于手头的工作。如果我在跟朋友共度时光，就能敏锐地聆听他们的话，而不会担心时间。如果我在写作，就能沉浸于写作之中。如果我在锻炼，就能集中精力做特定的练习，等等。

　　你是否认为，如果不是那么强烈地受时间束缚，你会更加专注——也许会更享受生活？

　　至少还是值得考虑一下的，不是吗？

如果不是那么强烈地

受时间束缚，

你会更加专注——

也许会更享受生活？

Chapter 7

第七章

汇流

最重要的价值

我们在前面五章中探讨了有意义的人生的五大价值。你或许已经注意到，我们在每章开头都列出了各种理由，告诉你为什么某一种价值是五者中最为重要的一项。真相是，五大价值都极其重要。但哪个方面是最重要的呢？

我们问过自己无数遍这个问题，每次都会得出不同的结论。最为诚恳的回答就是五大价值同等重要。确切地说，对我们每个人而言，每种价值的重要性都会随着时间而变化。因此，我们都经历过特定价值的重要性高于其他几种的阶段——时间或长或短，可以是一天，也可以是一个月。

一个人的前两位价值

　　我们注意到，随着时间流逝，往往会有两种价值被提到优先的地位。换句话说，在五大价值中，你会倾向于优先考虑两种。也就是说，虽然每个人都会改变五大价值的排序——在特定时间让五者中一个的优先级比其他几个更高——但总会有两种价值比另外三种更容易出现在前列。再次申明，每个人的排序都截然不同，这取决于他们的特质、愿望和信念。

乔舒亚的价值榜
前两位

对乔舒亚来说，生活中关注最多的两个领域是健康和热情。他每天早上起床就开始写作，做自己热爱的事情，并通过每天的健康饮食以及锻炼来改善身体状况。现在这些对他来说几乎是自然而然的事情，然而过去可不总是这样。只不过，一旦养成了这些让他乐在其中的习惯，专注于生活中这两个方面对他而言就很简单了。

并不是说其他三个方面——人际关系、成长、奉献——就被忽视了。然而，你也应该明白哪两个方面是你暂时不用管的，这样你更能专注于其他三个领域。乔舒亚很清楚，他每天必须集中精力处理人际关系、个人成长和为他人奉献这些事。专注于这些对他来说还不够自然的价值，这样就能更好地取得生活的平衡。

瑞安的价值榜前两位

    对瑞安来说，人际关系和个人成长至高无上。作为一个极度外向的人，瑞安喜欢被人群包围，而培养人际关系对他来说则是自然而然的事情。同样，瑞安天性喜欢竞争，这迫使他与自己比赛，促进了个人的快速成长。这就意味着，瑞安每天必须努力将精力放在后三个价值——健康、热情和奉献上。

后三位价值

应该指出的是，一个人虽然有着最为重视的前两位价值，但并不意味着排在后三位的价值就不重要。如果有人过度专注于生活中的一两个领域，那么对剩下的领域就可能缺少应有的关注，使得生活不平衡，招致不满。

举个例子，一个人把他所有的精力都集中在改善健康和追求兴趣上，而对人际关系的关注却微乎其微，那么他很有可能会感到孤独、抑郁。如果他不愿成长，那么他就会自满、停滞不前——像个纺车一样。如果他回避着奉献，那么他就会感到一定程度的不满，因为只有在为他人付出时我们才会有真正的成就感。

保持五大价值的平衡

　　了解你首要的两种价值很重要，但让全部五大价值维持平衡更重要，因为要使人生有意义，最好的办法就是将五大价值全部作为你日常生活的核心。

　　要做到这一点，最佳途径不过是问自己一个问题：

　　"我是怎样把这五大价值全部融合在我今天的生活中的？" 即 **"我是怎样把精力集中在健康、人际关系、热情、成长和奉献上的？"**

　　一旦意识到自己是怎样将这五个方面融入日常生活中的，我们就会敏锐地认识到自己如何使用时间。

　　对于每一个行为，我们俩都会问自己以下问题：**它会改善我人生的哪一个方面？** 如果这个行为无法改善五个领域中的任何一个，那么我们就会问另一个问题："这个任务如何才能对人生中的那五个领域有所帮助？"不管你做的是什么，如果它无法让五个方面中

　　　　　　　　　　　　　极简主义 Live a Meaningful Life Minimalism

任何一个变得更好——无论是直接还是间接的——那么就应该想方设法让这种行为在你日常生活中减少或彻底消失。

多数人的生活都充满了平凡无趣的工作，它占据了人们许多时间，却无法给人生带来价值。我们可以举出百万个例子，展示那些无法给生活带来意义的日常行为，在此我们只列出几个典型例子：

1.抽烟。显然，吸烟有害健康（所以这不仅没有改善你的生活，反而还有着负面效果）。此外，吸烟也无法为你的人际关系增添价值。它无法帮你追逐梦想。它当然也不会帮助你成长，更不会在为他人奉献这一方面有任何益处。

2.暴饮暴食。与抽烟类似，吃得太多对你的身体有害，对其他任何领域也不会有好处。

3.流言蜚语。谈论别人的负面消息会损害你的人际关系。而且，这显然也不会对其他四种价值有任何帮助。

有无数种人们常做却不会对生活产生正面影响的日常活动。

花十分钟，把你上周做过的对人生五个重要领域没有好处的事情全写下来。再写下它们对那五方面没有帮助的原因。你怎样才能在生活中减少或根除这些行为？

极简主义的作用

于是我们最终回到了极简主义。我们也知道，除了开篇部分，它必须出现在书中的其他地方，对不对？你可能在想，极简主义在其中扮演了怎样的角色？

我们想指出的是，要想过上有意义的生活，极简主义的作用至关重要。回想我们在第一章提出的定义：**极简主义是一种让你摆脱生活中的冗余、更加专注于那些最基本事物的工具。**这本书谈的就是极简主义，就是将注意力集中在生活中的五个基本领域。在生活中许多方面（财产、工作等）彻底接受极简主义，你就能专注于最为重要的事物（五大价值）。

因此，过有意义的生活和极简主义二者是齐头并进的。作为工具，极简主义帮你更容易地将精力集中在重要的事物上。它清理了生活中的杂乱，于是你便能专注于目标明确的生活。

你有哪些多余的物品、工作或人际关系可以从人生中去掉，从而使你将更多的时间和精力集中于五大价值？

（若想了解实用的整理窍门，请前往minimalists.com/start点击"从这里开始"，启动属于你的旅途。）

更有意义的人生

关于日常行为，还有一个重要问题需要提出：**这一行为将怎样给我生活中五大重要领域之一乃至更多方面带来正面影响？**多问这样的问题，我们就会得出更好的答案。

你所做的一切事情并非非黑即白，如抽烟或流言蜚语。某些日常行为可能是有争议的，比如看电视。看电视本身并没有任何过错，但如果这种行为消耗了你大量的时间，它便不利于你过上有意义的生活。因此，问问你自己，**"怎样才能使看电视这一行为更好地影响我生活中的一个乃至多个方面呢？"**或许你可以和朋友约好时间，一起看你们最喜欢的节目，之后还可以交流节目内容。我们俩就是这样看我们最喜欢的电视节目的。这样我们就不会把时间全都耗在没完没了的换台中，那无法为人生增添任何价值。又或许，你可以花一个小时一边练椭圆机一边看电视，这样会改善你的身体状况。

对许多价值存疑的物品而言，往往有好几种处理方法，使其对五大价值中的至少一种产生正面影响。如果你连一个让某件物品变得有益于五大价值的办法都想不到，那么它或许就应该被淘汰（或至少显著削减）。在考虑舍弃什么的时候，要诚实地面对自己，这一点是很重要的，因为这样做才会带来最好的结果。要从生活中摒除某些事物，一开始可能会很困难，但你享受到的回报值得你为之做出短暂的牺牲。

可商榷的事物还包括花时间上网、上社交媒体、购物、日常开车上下班、赖床、熬夜等。

还有什么其他可商榷的事物占据了你的时间？列张清单。你要如何使这些行为对你生活中的某一个乃至更多方面产生正面影响？

将结果发挥至最佳状态

有些事情对五大价值的正面影响不止一方面。这些行为往往属于那些能帮你过得更有意义的最佳活动之列。

比方说，我们喜欢一起健身，这既有助于我们俩的健康，又加强了我们之间的联系。我们喜欢一起努力建设我们的网站，这对我们的关系产生了正面影响，帮助我们成长，使我们能够为他人做贡献，还让我们得以积极投身于自己的爱好之中。光是这两个例子，就已经涵盖了有意义生活的五大价值。有些活动能使我们将结果发挥至最佳状态。

你的哪些活动可以影响五大价值的多个方面？如何才能使你正在从事的活动同时对五大价值的多个方面产生影响？

你如何知道？

你如何知道自己是否正过着有意义的生活？

这是一个十分重要的问题。不幸的是，二选一的选项并不存在。没有什么可以作为你人生的绝对准则——正如人生中许多问题都没有标准答案一样。我健康吗？我快乐吗？我满意吗？我成功吗？我聪明吗？我是否热情洋溢？我是否正在成长？我是否对他人有用？我是否是一个好人？

你也许在想："好极了，我都快读完这本书了，而你还不告诉我我现在的生活是否有意义？"

没错，我们不会告诉你的。事实上，我们也没法告诉你。只有你自己才知道正确答案。

我们通过一个简单的等式来衡量自己在五大价值的各个方面是否成功，我们称它为"简单成功方程"：

"简单成功方程"：

成功 = 快乐 + 持续进步

成功 = 快乐 + 持续进步

这个等式对五大价值中任意一项都成立。归根结底，如果你为五大价值中某个方面的现状感到快乐，而且持续地进步着，那么你在这一领域便是成功的。

举个例子，你的身材也许不是最好的，但如果你为自己所取得的日常进步感到高兴，那么你在人生中这个领域就是成功的。相反，即使你身材很好，但你每天没有获得小小的进步，那么长远看来你就不会有成功的感觉。或者，如果你对自己的身材并不满意，但正在不断地进步，那么你在这个领域还没有完全成功；如果你的整体健康每天都有小幅进步，你就很可能正走在通往成功的大道上。

同样，如果你对自己的人际关系不满意，而且在这方面没有任何进展，那么你便没有成功。对我们俩来说，这就是两年前的情况。如果你翻到前面，重读第一章，就会注意到当时我们没有为生活感到快乐——我们俩没有由于自己的健康状况、人际关系、热情、个人成长或为他人所做的贡献而感到快乐。更糟的是，我们也没有针对生活中这些方面做出任何改进。事实上，当时我们生活的这些方面愈发恶化了，这使我们的不满之情与日俱增。

我们就是在那个时候决定取回自己对生活的控制权的。我们利用了极简主义原理，除去生活中多余的东西，从而能够每天专注于五大价值。经过两年时间，一切都改变了。我们甩掉了多余的东西，更好地对待那些最基本的东西，过上了更有意义的生活。

这些事情做起来都不容易，需要每天专心致志、全力以赴才能保持进步。而为了继续过有意义的生活，我们必须不停地努力，不断提升生活中的各个方面。我们必须天天这么做。每天进步一点点，最终一切都会改变。

我们在过去几年发现，我们也可以很快乐，我们能够让生活每天都变得更好，最终过上有意义的生活——而你也能做到。

专注于重要事物

乔舒亚·菲尔茨·米尔本

极简主义让我能够专注于生命中重要的事情，专注于我的人际关系，改善我的身体状况，追求我的爱好，实现个人成长，并以有意义的方式为他人奉献。

有时候我的朋友让我不好过，因为我不"用"脸书。那些写博客的人嘲笑我。老实说我看的网站一只手都数得过来，我不知道CSS是什么，我也很难拼出HTML。有时候设计师拿胳膊肘撞我的肋骨，因为我不知道怎么用InDesign、Photoshop，甚至是微软的画图功能。

实际上，这些东西对我而言真的不那么重要。也许某一天我会"用"脸书（但目前我更喜欢推特）；也许我会学习如何为网站做设计、写代码（但我对我们网站现在的样子挺满意的——我们得过奖，而且因其设计获得了无数赞誉）；也许我以后会对上述设计程序更熟练（如果需要学习使用它们，我会去做的）。但这些事情并不会令我高兴。

令我高兴的是生活中重要的部分。所以我将自己的时间集中在尽可能少的事情上，一次专心干一件事，不慌不忙，放慢步伐，享受旅途，专注于重要的事物。

我每天锻炼，当我锻炼的时候，我专注于具体动作，专注于锻炼本身，并享受着每时每刻，就算锻炼很困难，我也庆幸自己有了好身体。

我把生命中很多的时间都献给了亲密之人，而当我与人相处时，也会对他们全神贯注。跟人对话时，我不会查看邮件、看手机或走神。我聆听。我关心。需要时，我提供建议。最关键的是，我人就在这儿。

我每天都会写作和阅读，这就是我的兴趣。当我这么做时，我专注于过程。我感到十分激动，因为我早起、每天早上写东西、创造、提升本领、不受干扰地磨练技艺。

我实现了个人成长。我做那些让我不那么舒服的事情——并不是我不喜欢的事情，而是令我感兴趣的新事物。我去往新的地方，享受着与刚认识的人建立的新联系，我在平凡之中发现美。

我以有意义的方式为他人奉献，尤其是为我们网站数以万计的读者、我由衷感激的人们。我专注于帮读者们用更少的物品过上更有意义的生活。我也通过仁人家园这样的慈善组织、当地食物施舍站以及其他方式做贡献。我还为亲密的朋友奉献，在他们需要帮助时伸出援手，在他们需要时放下自己的事情出现在他们面前。为他人做贡献对我而言很重要，因为这是过上有意义的生活的唯一途径。

极简主义家庭：从你自己开始

乔舒亚·菲尔茨·米尔本，瑞安·尼科迪默斯

极简主义只适合二十几岁、没孩子、没家庭的单身男性。

读到这里，你会知道这并不是真的，不幸的是，这就是很多新人的误区。他们说着诸如此类的话：我不能当极简主义者，因为：

·我太老/太小了。

·我不会环游世界。

·我有配偶/孩子/大家庭。

·我住在别墅里/郊区/乡下。

·我有车/电视/家具。

……

真相是：极简主义可以适用于任何人。

人们最大的疑虑就是要如何与所爱的人一起实行极简主义。问题通常是这样的："我真的很想投入极简主义的生活，但我丈夫/妻子/孩子/伴侣/朋友/家人不跟我站在一边，我该怎么办？"

诚然，不是你生命中的每一个人都会说"极简主义？听上去好极了！我要去哪里报名？"情况恰恰相反。我们俩总是被我们所爱和关心的人问到诸如我们是不是参加了什么祭礼、是不是经历了一个特殊阶段、是不是提前进入了中年危机等奇怪的问题。

一些人首次听说极简主义时，他们并不了解。对他们而言，这个概念听上去含糊而又神秘、不可理喻、脱离现状，远超令一般人感到舒适的范围。换言之，他们不明白，为什么极简主义是过上更有意义的生活的不可或缺的工具。

所以，你要如何成为一个极简主义者，尤其是在你的朋友或家人还没准备好来冒这个险的情况下？

答案比你想到的还要容易：从你自己开始。你必须先为周边的人做出表率。

· 从你的物品开始。

· 精简你的壁橱/抽屉。

· 献出时间去帮助他人。

· 把你的东西捐献给慈善机构。

· 改变你的习惯。

· 改变你的锻炼方式。

· 找回你的时间。

· 追求你的爱好。

·找到你的使命。

一旦你开始改变自己，其他人常常也会跟着做。他们看到了你获得的收益。他们注意到你改变后的样子——热情、自由和快乐，于是他们也想加入！

在我们明白这一点之前，很多最初觉得我们疯了的人便开始询问要如何精简、奉献以及过上更有意义的生活了。

所以，从你自己开始。

极简主义者的新年决心

乔舒亚·菲尔茨·米尔本

我今年有很多目标。在此，我想告诉你们我今年唯一的决心。这对我而言更多的是一个挑战。

这一年，我决定不买消耗品（例如卫生用品和食物）之外的一切东西。

是的。不买新衣服，不买新鞋，不买新书，不买新电子产品，不买新的小玩意儿，不买任何实物商品。

为什么要这么做？因为我想向你，也向我自己证明：我已经拥有了所需要的一切。我不需要更多东西来让自己感到幸福。

别误会，我今年仍然会花钱（跟朋友一起参加活动，看音乐会、电影和其他项目），只是不再购物。

这样做不是因为经济上不能负担新物品，而是因为我确信自己能做到，确信不需要更多的东西使自己变得完美，而且确信这样做能帮我将宝贵的时间集中在对我而言更重要的事情上，例如成长、奉献、人际关系、写作以及完成我正在创作的小说。

　　如果我失败了，我会把我的失败告诉你。但我不打算失败，我不是那样的人。此外，把我的决心告诉整个世界，这本身就是一种冰冷的提醒，告诫自己人们期望我做成。

　　不买东西的一年将会是漫长的（这一年过后我当然还会买东西）。正因如此，我意识到这种决心不适合多数人，至少时间不能是一整年。所以为什么不试着这样做一周、一个月或者一个季度呢？我相信你也可以做到。

　　每年的这个时候都会有很多决心。

　　有些人想减肥。

　　有些人想生活在只有一百件物品的环境下。

　　有些人拥有不可能的目标，然而你们最终会达成。

　　有些人想旅游，想身材更好，想创造更多。

　　有些人想辞职。

　　有些人想上瑜伽课。

　　有些人更愿意直接开始行动，而不是下决心。

　　不管你今年想要做什么，放手去做。追求你的兴趣。你应当这么做。

著作权合同登记号：图字 18-2017-009

图书在版编目（CIP）数据

极简主义 /（美）乔舒亚·菲尔茨·米尔本，（美）瑞安·尼科迪默斯著；李紫译.
—长沙：湖南文艺出版社，2017.5（2023.12 重印）
书名原文：Minimalism
ISBN 978-7-5404-8061-5

Ⅰ.①极… Ⅱ.①乔… ②瑞… ③李… Ⅲ.①生活方式—通俗读物
Ⅳ.① C913.3-49

中国版本图书馆 CIP 数据核字（2017）第 076094 号

上架建议：畅销·生活方式

JIJIAN ZHUYI
极简主义

作　　者：［美］乔舒亚·菲尔茨·米尔本　瑞安·尼科迪默斯
译　　者：李　紫
出 版 人：陈新文
责任编辑：薛　健　刘诗哲
监　　制：吴文娟
策划编辑：董　卉
特约编辑：陈晓梦　庞海丽
营销编辑：闵　婕
版权支持：辛　艳　张雪珂
装帧设计：利　锐
出　　版：湖南文艺出版社
　　　　　（长沙市雨花区东二环一段 508 号　邮编：410014）
网　　址：www.hnwy.net
印　　刷：三河市鑫金马印装有限公司
经　　销：新华书店
开　　本：640mm×955mm　1/16
字　　数：170 千字
印　　张：19
版　　次：2017 年 5 月第 1 版
印　　次：2023 年 12 月第 11 次印刷
书　　号：ISBN 978-7-5404-8061-5
定　　价：59.00 元

若有质量问题，请致电质量监督电话：010-59096394
团购电话：010-59320018